国学智慧与行为金融学

付春林 潘鑫◎著

WISDOM OF CHINESE STUDIES AND BEHAVIORAL FINANCE

企业管理出版社
ENTERPRISE MANAGEMENT PUBLISHING HOUSE

图书在版编目（CIP）数据

国学智慧与行为金融学/付春林，潘鑫著.—北京：企业管理出版社，2021.9

ISBN 978-7-5164-2466-7

Ⅰ.①国… Ⅱ.①付… ②潘… Ⅲ.①中华文化—关系—金融行为—研究 Ⅳ.①F830.2

中国版本图书馆CIP数据核字（2021）第168416号

书　　名：	国学智慧与行为金融学
作　　者：	付春林　潘　鑫
责任编辑：	张　羿
书　　号：	ISBN 978-7-5164-2466-7
出版发行：	企业管理出版社
地　　址：	北京市海淀区紫竹院南路17号　邮编：100048
网　　址：	http://www.emph.cn
电　　话：	编辑部（010）68701891　发行部（010）68701816
电子信箱：	80147@sina.com
印　　刷：	河北宝昌佳彩印刷有限公司
经　　销：	新华书店
规　　格：	710毫米×1000毫米　16开本　13.5印张　180千字
版　　次：	2021年9月第1版　2021年9月第1次印刷
定　　价：	68.00元

版权所有　翻印必究·印装错误　负责调换

目 录
CONTENTS

第一章　国学概述
一、国学的定义 / 001
二、国学的流派 / 011
三、国学的传世智慧 / 019

第二章　行为金融学概述
一、传统金融理论的困惑 / 023
二、行为金融学的发展 / 028
三、行为金融学的内涵 / 034

第三章　有效市场面临的现实挑战
一、金融异象 / 042
二、行为金融学对金融异象的解释 / 054
三、行为金融学的贡献与不足 / 057

第四章　理念决定行为：国学与行为金融结缘

一、文化驱动行为金融发展 / 064

二、价值倒逼主体积极延展 / 080

三、管理促使价值效益实现 / 095

四、政策主导金融行情风向 / 109

第五章　基于国学智慧的行为金融案例分析

一、勿过度乐观，应独立思考 / 124

二、勿过度自信，应止盈知足 / 130

三、勿证实偏差，应知易行难 / 138

四、勿保守性偏差，应宠辱不惊 / 147

五、坚持锚定效应，善始善终 / 152

六、勿代表性偏差，见其本真 / 156

七、勿易得性偏差，韬光养晦 / 162

八、勿模糊厌恶，满招损、谦受益 / 167

九、仰不愧于天，俯不怍于人 / 174

十、跳出框架看偏差行为 / 180

十一、损失厌恶，诚信高于利润 / 192

参考文献 / 199

第一章　国学概述

一、国学的定义

1. 国学定义的历史梳理

国学一词始见于《周礼·春官·乐师》："乐师掌国学之政，以教国子小舞。"此后，随着朝代的不断更迭，国学逐渐演变成为国家高等学府，不过其基本含义仍然是指国家的教育管理机构。清末民初时期，由于受到"西学东渐"的影响，国学逐渐成为与"西学"相对的"中学"代名词。1902年，梁启超在《论中国学术思想变迁之大势》一文中，较多地使用了国学这个词的现代意义。此后，随着国内时局的变迁，研究者对国学的理解也出现了差别。

章太炎认为国学的范畴是"经史子集"，并提出"夫国学者，国家所以成立之源泉也"。章太炎一生重视国学的倡导和研究，认为国学并非是一个单纯的名词，而是与民族命运相联系的、国魂重塑的基础。邓实、刘师培等人"以研究国学、保存国粹为宗旨"创立了国学保存会，同时在报刊上对国学、儒学、君学、官学等概念做了区分。邓实等人也被称为"国粹派",他们对国学的定位,是借鉴了西学的,是以国学所在地域来决定"学"的归宿和认同的。1906年,邓实在《国学讲习记》一文中说:"国学者何?一国所有之学也。有地而人生其上,因以成国焉,有其国者有其学。学也者,学其一国之学以为国用,而自治其一国也。"强调了国学"经世致用"的层面。1923年,胡适在《〈国学季刊〉发表宣言》一文中对国学进行了阐释:"国学在我们的心眼里,只是'国故'的缩写。中国的一切过去的文化历史,都是我们的'国故';研究这一切过去的历史文化的学问,就是'国故学',省称'国学'。"他认为要理性地去对待传统文化,既要注重传统文化中的精华,又要从传统的儒学枷锁中寻求解放。作为新文化运动的代表人物,胡适对国学的阐释具有很大的影响,不过在他之后,假借"国学"之名行儒学重构之实的不胜枚举。如马一浮提出了国学的四个特征:"此学不是零碎断片的知识,是有体系的,不可当成杂货;此学不是陈旧呆板的物事,是活泼泼的,不可目为骨董;此学不是勉强安排出来的,是自然流出来的,不可同于机械;此学不是凭借外缘的产物,是自心本具的,不可视为分外。"认为国学就是指"六艺之学"(此处的六艺是指《诗》《书》《礼》《乐》《易》《春秋》六部典籍),同时指出要以六艺作为国学的价值象征,显示出其在儒学重构上的用心。20世纪初,面对外来侵略者的压力和本国学术文化式微的局面,国学论者理所当然地将国学与国家兴亡联系在一起。对国学定义的探讨,反映出我国知识分子对国家文化命运的思考,倡导国学的论者多关注于传统文化中的精华部分,试图从中找寻到能够满足特定时代的文化资源。这一时期的国学定义,饱含着知识分子对国家文化乃至民族命运的担忧,具有明显的时代担当意识。

第一章 国学概述

20世纪50年代初至20世纪80年代末，国学处于长期沉寂的状态。20世纪90年代开始，随着社会经济和文化的发展，学界开始从传统文化中谋求社会主义文化建设的精神支撑，国学再度进入学界研究视野，但是其定义有了新的变化。20世纪90年代初，辽宁教育出版社陆续出版了《国学丛书》，张岱年在其总序中说："国学是中国学术的简称，包括哲学、经学、文学、史学、政治学、军事学、自然科学以及宗教、艺术等，其中自然科学又包括天文、算学、地理、农学、水利、医学等。"认为国学不仅包含人文社会科学，还包括自然科学。张岱年对国学的定义，不仅折射出西方学科分类思想对中国学术界的影响，还大大拓宽了国学的范畴。赵吉惠（1996）认为，国学作为一个文化系统，应当具有开放性和流动性，并主张从历史地理的角度出发对国学进行定义，认为国学除了包括"国故学"之外，还包括本是外域之学而逐渐被中华民族所消化、吸收、认同或再创造的那部分文化。王富仁（2005）提出"新国学"的定义，认为旧的国学定义将中国近百年的文化和"五四"以来发展起来的学术都抹杀了，应当将国学定义为由民族语言和民族国家两个因素构成的学术整体。"新国学"对中国传统文化在近代遭受冲击的事实予以承认，强调了在受到外来文化冲击的时代，中国文化与学术更应当保持对自身独立价值的清醒认知。"新国学"定义强调国学研究应当更具有时代性和独立性，为学界研究提供了新的视野。

国学研究，主要就是对过去的学术文化进行整理和挖掘。如果想要保持文化的鲜活性，就必须要考虑文化所具有的当下意义。所以，对传统文化的现代价值挖掘，就成了近些年来学界研究的重点问题。杨海文（2008）认为，国学的当代形态是无法避免"大国学"范畴制约的，所以只有以"分析"的态度去区分国学中的精华和糟粕，以"开放"的态度处理好中外文化的关系，以"前瞻"的态度对待古今文化的关系，国学才能真正实现其现代价值。除了学术界对国学的定义进行探讨外，近些年来我国一些高校的国学学科建设也颇为引人瞩目。例如，深圳大学于1984年创立了国学研究所；北京大学于1992年成立了传统文化研究中心，后改名为国学研究院，并于2002年开始招收博士生；中国人民大学于2005年设立国学院；武汉大学于2007年对各文科院系进行整合，增设国学专业博士点，以"经史子集"为教学内容，并与西方分科教育体制互补，是具有现实意义的教育教学模式的创新。在国学定义的讨论上，现代学者不仅为国学赋予了更大的延展意义，还注意到了历史文化的流动性。在国学研究的意义阐释方面，无论是"新国学"还是"大国学"，无论是强调学术研究的整体性还是提倡"古为今用"，研究者们都着眼于国学的当代实用价值。同时，高校的国学学科设置，也在学术研究、文化传统、社会需求和西方教育体制四者之间找到了平衡点，是非常具有时代特色和民族特色的教育改革创新。

纵观近现代中国百年学术的发展，国学的命运与时代背景存在密不可分的关系。同时，国学的定义、范围和意义也随着时代的变迁而发生变化：从"一国固有之学"到"一国所有之学"，再到"一切过去的文化历史"；从"经史子集"到"六艺之学"，再到涵盖了历史文化和自然科学在内的庞大体系；从保存国粹经典、激发民族自强心，到国际视野下民族文化的自觉意识，再到中西学术文化交融互补。种种变化，反映出的不仅仅是研究者学理上的思考，更是他们对本国文化的态度，并且这种态度是与时代精神紧密相连的。换言之，国学的兴衰历史就是本国文化和民族命运的兴衰史。

2. 对国学定义的质疑

1923年，陈独秀对当时的国学定义予以辩驳，认为"就是再审订一百年也未必能得到明确的观念，因为'国学'本是含混糊涂不成一个名词"。曹聚仁也认为，"科学之研究，最忌含糊与武断，而国学二字，即为含糊与武断之象征"。他们辩驳的焦点主要是国学的定义是否具有清晰的内涵和外延。许啸天认为，世界各国都有其固有的文化及历史，换言之，每一国都有它自己的"国故"，但并未有英国故学、法国故学等名称，所以"国故"并不能算作一种学问。这个论断并没有看到本国历史文化和时代需求的特殊性，但由于彼时中国学术界受到西方文化的冲击，部分知识分子的民族自信心受到了极大的打击，故此不少质疑国学者均采用了这个观点。值得我们反思的是，国学的定义是与西学相对立而起的，反对国学定义者也将西学作为重要的理由，换言之，就是无论是国学定义的支持者抑或是质疑者，他们都看到了西学的重大冲击力，所不同的是，前者力图在国学定义的指引下，重新审视和整理本国学术文化，以此来应对西方文化的冲击；后者则是认为国学的定义不正确，因为西方国家并没有国学的概念。其实，我们应当看到我们国家学术文化的特殊性，作为被动接受外来文化的体系，国学得到提倡是有其历史合理性的。

"整理国故"这个词最初是由傅斯年提出的，不过在留学欧洲后，他对国学的态度发生了根本性的转变。1922年，他在给李石曾、吴稚晖的信中说："见到中国之大兴国学、大谈其所谓文化，思著一小书，姑名为'斯文扫地论'，其中章四：一、绝国故，二、废哲学，三、放文人，四、存野化。"1928年，他在《历史语言研究所工作之旨趣》一文中认为，"要想做科学的研究，只得用同一的方法，所以学问断不以国别成逻辑的分别，不过是因地域的方便成分工"。强调指出科学研究方法虽然具有普适性，但是如果生搬硬套，就很难产生好的效果。该观点注意到了获取研究材料的地域优势，但是并没有将本国学术文化视为一个研究整体，故此在学术研究视野上并不开阔。何炳松在学术思想上倾向于"整理国故"，但是其目的不在于国学的振兴，而是在于引进西学来改造传统文化。1929年，何炳松在《论所谓"国学"》一文中指出，国学概念界限不清、来历不明，对现代科学的分析精神也多有违背，对待本国历史文化的态度也很糟糕，极力提倡"推翻乌烟瘴气的国学"。1935年，以何炳松为代表的10名大学教授签署了《中国本位的文化建设宣言》，提出："要使中国能在文化的领域中抬头，要使中国的政治、社会和思想都具有中国的特征，必须从事于中国本位的文化建设。""对西方文化，必须以中国的需要来决定取舍。"值得一提的是，何炳松对本位文化和中国传统文化做出了明确的区分，他认为恢复传统文化和提倡本位文化之间并不对等，需要用科学的方法来改造传统文化。何炳松有关国学的观点虽然有失偏颇，但是也体现出对国学定义和研究缺乏系统性的担忧，故此也具有一定的警示意义。

钱穆在《国学概论》一书中以思想史的变迁为线索探讨了传统的经学、子学和考据学，虽然在国学范围上基本与章太炎的定义无甚差别，但其开篇表明："学术本无国界，'国学'一词，前既无承，将来亦恐不立。特为一时代的名词。其范围所及，何者应列国学，何者则否，实亦难别。"钱穆认为，国学的定义仅仅是权宜之计，是否能够统摄"经史子集"，这个问题是值得进一步商榷的。

当代学者中，也有对国学定义持有质疑的。舒芜在《"国学"质疑》一文中认为，"'国学'完全是顽固保守、抗拒进步、抗拒科学民主、抗拒文化变革这么一个东西。"刘梦溪也认为国学的概念"将恐不立"。综合当代学界对国学定义的质疑，主要包括三个层面：一是认为国学定义的内涵和外延不清晰，故此定义不成立；二是认为国学的定义无法与西方学术分科相衔接，或是认为国学研究仅仅是为了更便捷地获取材料，没有必要诉诸某个特定范畴；三是认为国学主要还是陈旧的文化知识，不值得提倡。由此我们不难发现，国学的提倡者和质疑者在国学的定义上存在截然不同的态度，而且即便是两种观点的内部，依然存在着不同的支持或是反对的理由。但是，不管是国学的提倡者也好，反对者也罢，他们共同的特点都是对"国"与"学"关系的深刻思考。

3. 新时期国学的定位

在新时期，我们应当对前人关于国学的定义进行批判性的继承，立足于本国文化建设，对国学进行合理的定位。首先，需要对国学定义的正当性进行讨论。国学定义对我国学术研究是极为必要的，原因如下：一是从逻辑上来讲，他国没有国学，不能够成为我国也不能有国学的理由；二是国学定义的提出，具有历史的合理性，虽然它的被提出是权宜的、特殊的，但是不能由此忽视其在当时历史背景下被提出所具有的重要性；三是在当下的学术研究中，"新国学"等观点对本国学术的完整性进行倡导，这对于受到西方文化冲击的中国学术界而言，是具有警醒意义的。其次，国学定义的提出是具有很大价值的。一些学者认为提倡国学就是因循守旧，不可否认国学中确实有渣滓，但更多的是精华，不应当对其价值进行全面的否定，我们所提倡的作为传统文化的国学，是应当与时俱进的，是强调对民族文化传统的自觉意识的，是具有现代实用价值的。从这层意义上来讲，提倡国学，不但不是守旧，反而凸显出了浓浓的关注现实的情怀。最后，国学定义达成一致是可能的。虽然国学体系庞大，但是其内涵和范围是可以确定的。无论是清末民初学者所理解的"本国之学""本国固有之文化"，还是近年来学术界所认为的"广义的传统文化"，这些都是国学定义建构很好的尝试。所以，只要我们从大处着眼，具有全局观念，具有民族文化自觉意识，同时对本国的历史文化进行深刻的洞察，是可以在国学定义上达成共识的。

第一，国学定义的特定内涵。纵观清末民初至今学者们关于国学定义的争鸣，国学范围的扩大是一个很显著的趋势。李宗桂教授在《国学与时代精神》一文中指出，"近年所谓国学，本质上就是传统文化"。这个论断是符合近些年来有关国学范围论争事实的。国学，即广义上的传统文化。中国的传统文化，就是中国传统社会的文化。我们在讨论国学时，可以从历时和共时两个维度进行把握，也就是将周秦至清末中国社会整体的价值系统和生活方式作为国学研究的主要内容。

第二，国学的地域性。有的学者对国学的地域性并不认同，认为"国"对"学"进行了限制，不利于国学研究的发展。何炳松在《论所谓"国学"》一文中认为，"就是国学的国字，表现出一种狭小的国家主义的精神"。赵旭东认为，如果国学具有地域性，就很可能使研究者丧失了对外来文化的吸收和创造能力。事实上，国学对外来文化并不排斥，相反，其对外来文化的吸收和创新是其历史发展过程中常见的现象。例如，佛教在西汉末年传入中国，并在隋唐时期达到鼎盛，在社会上产生了极大的影响。我们可以看到，佛教文化传入中国之前，国学仅包括子学和经学，在佛教文化传入中国并发展到隋唐鼎盛时期时，国学已经囊括了儒释道文化，至清末民初时期，国学既可以指本国的传统文化，又可以指融合了西方文化在内的国学新体系。任何国家民族文化的发展，都离不开兼容并蓄，中国传统文化也不例外。外国的文化流入进来，被我国传统文化吸收、融合，最终实现本土文化系统的先进性和实用性的创新变革，构成了当下国学的基本内容。

第三，国学具有生命力和日用性。从先秦诸子学说到汉儒经学，由魏晋玄学到宋明理学，无论哪种传统文化价值体系的出现，都与当时的社会历史背景密不可分。随着历史的不断推演，国学研究的内容逐渐增加，研究者研究的视角也不断增加。所以说，国学并不是"国故之学"，而是具有动态变化的学问。清末民初时期，国学作为中国传统文化和学术体系瓦解后出现的特有词汇，自身具有极其强烈的时代特色。随着时代的变迁，现在的国学在内容和时间范围等方面已经大为不同。作为民族精神的支撑和民族文化发展的内驱力，国学在新的历史时期必然会起着促进社会主义文化建设的作用。

第四，国学具有明显的民族性，是人们身份认同的客观基础。一方面，国学与国家政治和意识形态共同构建了"民族"的定义域；另一方面，国学在不断发展变化中也被打上了鲜明的民族烙印。不同的国家和民族，其历史传统不同，故此区域文化也就有所差异，这也使得不同民族人们的学术研究路径有所不同。比学术更具有外延性的传统文化，作为一种生活方式和价值观体系，具有鲜明的民族特性。所以，从这个层面上来讲，国学定义的使用和国学研究的复兴，是对本国学术文化的振兴。

第五，国学具有世界性。任何一种文化都具有民族性，但并不是任何民族的文化都具有世界性。一些学者将能够反映出社会发展潮流方向的文化视为高势能文化，并认为很多情况下文化是从高势能向低势能流动。文化势能的高低，取决于这种文化的先进性及其是否能够成为另一种文化乃至全人类都需要的文化。在中国古代，尤其是"唐宗宋祖"时期，中国的经济实力和文化品位居世界领先地位，处于先进地位的中国，孕育着领先的高势能文化。隋唐时期朝鲜半岛、日本列岛和东南亚的大部分地区中华文化圈的形成就是最好的证明。这个中华文化圈的核心是儒学，并致力于传播中国化的佛教文化，以中国的政治制度和社会模型为基本范式，接受并吸收汉语语言文字范式。中华文化圈的形成，对世界文化格局产生了较大的影响。18世纪前后，随着西方传教士先后来到中国，中国传统文化在欧洲实现了初步的传播，不少欧洲的思想家试图从中国文化中汲取影响并用于本国文化的改革创新。但是，由于鸦片战争的爆发，中国文化的对外辐射式微。其后的中国文化受到西方文化的冲击，并在冲击中不断地探索和完善。在新的时期，我们需要思考的，不仅仅是如何利用国学加强本国文化建设和推动民族发展，还要注意对国学中的普遍意义和价值进行挖掘。

近百年来，学界有关国学定义的争论始终不断，如果从学理上进行分析探讨，就将会使我们对国学的定义趋向一致。国学定义的明确，能够使我们的学术真正地扎根在文化自觉土壤中，不断吸收借鉴，兼容并蓄，最终实现对社会主义现代化建设的推进。

二、国学的流派

　　自然科学类别虽多，但是流派较少，国学则恰恰相反。国学以古籍为研究的对象，文字主要是繁体字，比较艰深，也难以避免地会有一些错漏之处。研究者不可能找寻到书籍的原作者进行质疑，只能按照自己的理解来进行解释，由于解释的不同，就产生了不同的国学流派。我们谈论国学，如果不弄明白它的派别之分，就将会产生无所适从的感觉。不过，也并非是所有的国学都讲派别，历史学类和一些较为零碎的学问是无需讲求派别的。一般来说，我们是将古今学者争辩的焦点问题作为流派划分的依据，将国学划分为经学派别、哲学派别和文学派别进行讨论的。

1. 经学派别

　　"六经皆史也。"国学的内核是经学，近些年来的国学研究热潮，使经学成为研究的重点。学界在经学研究方面较为重视典籍和代表人物的研究，并且已经取得了较多的成果，不过对一些全局性问题的研究，目前还是处于边缘状态。如对于经学的分期和分派问题的研究，相关论述较少，但这确实是把握经学派别发展逻辑的重要依据。

　　在经学研究史上，经学分派的问题最早出现在汉代。东汉许慎的《五经异义》中，将今文经学和古文经学分为两大派别。魏晋时期的王学与郑学的分别，宋明时期的程朱理学和王陆心学的分别，这些都具有经学分派的意义。真正有意识地进行经学派别的区分，始于清代《四库全书》的编撰。《四库全书提要·经部·总序》将经学分为汉学和宋学两大流派,是为"两派说"。康有为将宋学、汉学视为刘歆之学的支流,将其与孔孟之学进行区分,实际上也是"两派说"。刘师培在《经学教科书·序例》中将经学分为两汉、三国至隋唐、宋元明、近代儒家四派,是为"四派说"。此外,还有将汉学、宋学、清学划分为三派的"三派说",此说的代表人物是章太炎。相对来讲,"三派说"与经学发展的实际最为符合。周予同在《中国经史讲义》中将经学分为汉学、宋学和以梁启超为启蒙者的新史学,此种分类将史学纳入经学的派别划分,显然并不稳妥。对于经学的分期问题,周予同在《中国经史讲义》中赞同刘师培的"四期说",《四库全书》中持有的是"六期说",此外还有"十期说",等等。就经学自身的发展来讲,不同时期的经学必然会具有所处时代的特征,这也是经学分派重要的依据。所以说,经学的分期和分派是统一的。

经学作为一门训释儒家典籍的学问,其发展的历史就是典籍训释的历史,无论是经学的分期也好,还是经学的分派也罢,都需要从训释历史的变化方面予以把握。基于此,我们可以将经学分为三派(期),即:(1)汉唐时期,以训释五经为主的学派,主要是从五经中寻求封建君主专制制度的理论依据,其中较具代表性的成果是孔颖达的《五经正义》。从经学分派来说,属于五经学派,包括的小派别主要有汉代的今文经学、古文经学、综合今古文的郑学、魏晋时的王学等。(2)宋明时期,以训释四书为主的学派,主要是对《大学》《中庸》《论语》《孟子》中的道德伦理、个人修养、心性、天理等进行讨论,其中较具代表性的成果是朱熹的《四书章句集注》。从经学分派来说,属于四书学派,主要包括程朱学派和陆王学派等。(3)清代,以《尔雅》《说文》为考据对象的学派，其以考证经典文字的形和声为重点，重视文字训诂方面的成就，其中较具代表性的成果是段玉裁的《说文解字注》。从经学分派来说，属于《尔雅》学派，主要包括以戴震为代表的皖派和以惠氏为代表的吴派。

总体来讲，经学派别早期是以"外王"为主，中期是以"内圣"为主，后期则是以"文字训诂"为主。值得一提的是，经学晚期派别重视文字训诂和典章制度的考证，使得音韵、史学、天文学、地理学、金石学等分科不断出现，这也是对经学性质和方向的否定。

2. 哲学派别

在国学范畴中，讨论哲学的以子部为最多。经部虽然有部分内容与哲学有关，但大多数是为了其他一些目的而讨论的。例如，《易经》表面上与哲学相关，实际上是古代社会学；《论语》半为"伦理道德学"，半为哲学理论。阴阳家、纵横家、农家和杂家等，都与哲学没多大关系。而与哲学关系最大的，要数儒家和道家，其次是墨家、法家和名家。《韩非子·显学篇》认为，"儒分为八"，有所谓颜氏之儒。道家代表人物庄子记载孔子和颜回的谈论较多，由此可见，道家与儒家的渊源较深。庄子的主张是"自由""平等"，而"自由平等"也见诸佛经。"自由"在佛经中称为"自在"。庄子《逍遥游》《齐物论》中详细阐发了"自由平等"的主张，认为"以不平平，其平也不平"。庄子的"无我"主张也与佛法有共通之处，并且与儒家"毋我""克己复礼"也相同，就是将"小我"融入"大我"之中的意思，不过孟子和荀子并未悟及于此。

魏晋南北朝时期，社会动荡不安，所以厌世主义应运而生。儒家陈旧迂腐的言论为多数文士所厌弃。著名的"竹林七贤"就主张"非尧舜，薄汤武"。不过，七贤中只有何晏、王弼的主张含有哲学的意味，如"圣人无情""圣人茂于人者神明，同于人者五情"等。同期的《弘明集》主要宣扬佛法，但多取佛法与老庄相互印证之处，所以比较流行。隋唐时期，社会比较安定，讲哲学理论的只有佛家，与儒家已不相容。文人才子中，研究哲学较著名的是韩愈、柳宗元和李翱。韩愈《原道》一文主要是对佛老之学的驳斥。柳宗元认为，天是无知的。李翱《复性篇》认为，"斋戒其心，未离乎情；知本无所思，则动静皆离"，这种认知与佛家相近。北宋自周敦颐开始，出现哲理的新境界，其所著《太极图说》《周子通书》的根源是佛教，但表相是儒家。"二程"（程颢、程颐）师从周敦颐，秉持"内外两忘"的见解。南宋"永嘉派"继承了"二程"之学，专论时政。朱熹主张"默坐证心，体认天理"。陆九渊与朱熹的主张相反，他认为"六经注我，我不注六经"，主张一切出于自心。陆的学说盛行于江西、浙西两地，朱的学说在福建、浙东两地较为流行。

元代，陆派名儒首推吴澄，但其见解不高；朱派名儒首推金履祥，但其立论较为平庸。明初，朱派学者宋濂博览群书，但是对于"经""理"均无特别见解；"陆派"此期已然散漫，不成派别。明代永乐朝之后，学者在哲学理论上的研究各有成就，不同于朱陆。王阳明最初研究道家，后来随着交往名士的变化，见解也发生了较大的改变。《传习录》是王阳明的代表作，他主张"致良知"，认为要"知行合一"。吕经野的主张与朱熹相近，立言平正，当时也得到许多文人士子的信仰。清代的理学并无可论之处，较为著名的大儒是颜元和戴震。颜元主张"不骛虚声",戴震主张"功利主义",反对宋代"存天理,灭人欲"。

总的来说,哲学派别可以分为宋以来哲学、古代九流之学、印传佛教、欧西哲学四类。欧西哲学注重唯心理论,并不是学问。宋明之际学者的哲学理论,虽然也是口头表达,但注重知行合一的也有不少,所以与欧西哲学不同。佛教理论与九流之学并驾齐驱,均对宋明之际学者启发较多,所以说研究哲学,从宋代入手是非常适合的。

3. 文学派别

刘勰在《文心雕龙》中说:"今之常言,有文有笔,以为无韵者笔也,有韵者文。"范晔在《后汉书》中说:"文患其事尽于形,情急于藻,义牵其旨,韵移其意。……手笔差易,文不拘韵故也。"由此可见,文学可分为有韵和无韵两种,有韵的称为"诗",无韵的称为"文"。古代所说的文章,并不是专门指称文学,而是泛指"礼""乐"。随着社会不断发展,文章所指称的范围也逐渐地缩减,最后就专指文学了。

首先,谈谈无韵文。相对于有韵文而言,这类在文学中所占的比例较重。我们一般谈论文学,指的多是集部,不包含经、史、子部。但是也有例外,如庄子《齐物论》、贾谊《过秦论》等,虽然属于子部,但依然是文学谈论的范畴。晋代的名士喜好谈论名理,"论说"这种文体就较为流行。另外,官制、仪注、刑法、乐律、书目之类的"数典之文",与算数、工程、农事、医术、地志之类的"习艺之文",虽然并不属于集部,但是文采斐然,也应纳入文学之中。

西汉一代,贾谊、司马迁、司马相如、扬雄和刘向等都被后世称为"文人",但是《汉书》中并未称他们为"文人",这主要是因为西汉所谓"文人"不是专指做文章的人，而是指学识渊博、为时人所推崇的人。东汉班彪著《王命论》、班固著《两都赋》，他们都是当时著名的文人，不过东汉经学大家郑玄的文采比这些文人都要好，却又不被称为文人，这就有些让人疑惑了。总的来说，西汉和东汉时期，文人并没有分派别，后人也没有给他们分派别。

三国时期，"三曹"的文名较高，曹操以《诏令》著称，曹丕以《典论》著称，曹植以《求自试表》著称。不过，其受到人们的普遍推崇，主要还是由于他们的诗作。陆家父子均有文名，其中陆机较著名，他开启了晋代文学的先河，文风从汉代的壮美，一变而为柔美。潘岳虽然和陆机并称为"潘陆"，但是文名始终不如陆机显著。东晋骈文较为著称，之后南北朝时期的傅亮骈体文写得特别好，但又比不上陆机舒卷自如，其后的任昉、沈约之流，以至徐、庾之流，每况愈下，文章气象不复雅淡。总的来说，南北朝时期，文人也没有分派别，有的只是更推崇哪位文学家的区别。

隋唐时期的文章，并无太多可取之处。唐初的骈散文以杨炯为代表，轻清之气尚存。中唐之后，文人模仿司马相如气象的渐多，此后，韩愈、柳宗元、刘禹锡、吕温，都以文名。四人中以韩、柳二人最喜造词，他们是主张词必己出的。唐代骈体文首推李商隐，经演变为后代的"四六体"。宋代苏轼认为，韩愈是"文起八代之衰"的，认为韩愈重振了晋汉文风。北宋文人中，以欧阳修、"三苏"、曾巩、王安石最为著名。欧阳修著有《新唐书》，以四六体著称，但是他的才气不如韩愈。明代人所称道的"唐宋八大家"，在文体上并不相类似，唐文主刚，宋文主柔。南宋文章格调特别烂俗，是科举文章的开端，这在苏东坡的文章中已稍有显露，到了明初宋濂的台阁体就完全显现出来了。宋代不以文名著称于世但是文章写得较好的，有刘敞、司马光等人。明代文坛上分为"前七子"和"后七子"，以李梦阳为代表的"前七子"厌恶"台阁体"的文章，以王世贞为代表的"后七子"自谓得秦汉文气。他们的学问文风都远远不及韩愈、苏轼等人，被后代的人称为"伪学"。归有光师承欧阳修、曾巩二人，其学问文风居于"伪体"之上，开启了桐城派的先河。在他之后，有方苞、姚鼐、刘大櫆也出自桐城，自成一派，气度精工，讲求格律，被视为文章正宗。传到顾炎武，作有《救文》一文，精工的格式规模已然确立。阳湖派以恽敬、张惠言为代表，他们原来也师从桐城派，却嫉恶桐城派，所以自成一派，但该派流传不如桐城派久远。曾国藩并不是桐城人，但由于他的声名显著，所以桐城派就将他强行归入其中。

其次，谈谈有韵文。有韵文主要就是指"诗"，其他的如"箴""铭""祭文"等有有韵的，也有无韵的，有韵的可归于诗，无韵的可归于文。《周礼·春官》称六诗，就是风、赋、比、兴、雅、颂。《诗经》中的《风》《雅》《颂》较为世人所称道，至战国时期，屈原、孙卿均以赋闻名，屈原的《离骚》《天问》、孙卿的《赋》《成相》，都是流传千古的名篇。后世谈到赋，大多出自屈原。汉代贾谊、司马相如、枚乘、东方朔、刘向等都脱胎于屈原、宋玉。到了汉代，汉高祖《大风歌》、项羽《垓下歌》等，可说是独创的诗。此后，西汉的《古诗十九首》成为五言诗的滥觞。汉代四言诗也有，但作诗者才气不足，流传下来的较少。东汉一代，并没有著名的诗家，较出名的如班固，在诗作方面亦无太过人之处。曹操父子的诗作承继了《古诗十九首》的风格，尤其是曹操的四言诗,独具气魄,曹丕和曹植的诗,也各有所长,同期的刘桢等人无法与他们并驾齐驱。钟嵘《诗品》中说,"三曹"诗作是"在心为志,发言为诗",认为他们的诗作发乎性情,无字不佳。曹氏父子之后,阮籍的《咏怀诗》著称于世,《诗品》认为,阮籍的诗是"出于《离骚》",但并不如曹植的诗酣畅淋漓。

晋初左思的《咏史》《招隐》自成一派,其文思不下于潘、陆,但由于出身较低,所以在《诗品》中被置于潘、陆之下。东晋的诗倾向于清谈,如孙绰《天台山赋》,并没有诗的气象。不过刘琨的《扶风歌》等篇确有可取之处。陶渊明的诗虽比不上古人,但依然是"隐逸诗"之首,专以写景见长,独树一帜。陶渊明之后,谢灵运、颜延之的诗作也得到世人的推崇。《诗品》认为,谢灵运的诗是"初出芙蓉",而颜延之的诗是"镂金错彩"。此外,谢朓的诗作比较清新自然,与陶渊明不相上下。南朝梁的诗家首推沈约,他开创了律诗的先河;南朝宋的诗家首推鲍照;南朝齐的诗家首推江淹。北朝诗家已不可查考,但《木兰诗》语言高超。隋代杨素的诗作很好,与刘琨不相上下。彼时文人喜好用典故,而杨素不爱雕琢,所以能够独树一帜。唐代初年,唐太宗和魏征的诗作,上承南北朝诗风。"初唐四杰"的诗作渐渐出现律诗的气味,但那时并没有七言律诗,只有五言律诗。这个时期成就较高的是沈佺期、宋之问,他们的诗作气魄较大。唐代七言古诗作得好的,首推李白、崔颢,苍苍茫茫,无所拘忌。王维、孟浩然、张九龄等人的作品以描写风景为主,意趣平淡。杜甫的排律成就较高,他与李白并称"李杜",是盛唐诗坛中耀眼的"双子星"。韩愈、柳宗元的诗作或归于佶屈聱牙,或归于平淡无味,远不及他们的文章作品。元稹、白居易的诗,平易近人，具有《小雅》的风味。晚唐温庭筠、李义山两家喜爱对仗，开启宋代的诗坛风气，尤其体现在"西昆体"的诗歌上。宋初，欧阳修和梅尧臣反对"西昆体"，不过欧阳修对奇异的诗句较为偏好，而梅尧臣的诗则是开了考古的源头，但是他的诗与古人的咏古诗有所不同。总体来说，宋代文人的诗作，是合"好对仗、引奇字、考据"三点而成。苏轼的诗，引入了佛典之理；王安石的诗，注重格律，但是在气象格局方面显得较为狭小。南宋陆游上乘北宋诗风，但是范成大和刘后村自有气度，显得与众不同。黄庭坚上学老杜，开场两句必是对仗，开"江西诗派"的先河。元、明、清三代的诗坛较为衰微，并没有特别出彩的诗人。王士禛、朱彝尊的诗用典过多，翁方纲则是以考据入诗，洪亮吉偏好于运用对仗的手法，更是不成为诗。诗到了清朝末年，逐渐发展成近代的白话诗，已经不讲求用韵了。

三、国学的传世智慧

国学经典以儒、释、道为代表，具有流传久远、影响广泛等特点。作为民族智慧的文化积淀，国学经典在当下西方文化来势汹汹的局面下，具有树立民族自信心和自豪感的重要作用。所以，我们有必要、有责任去发掘国学的传世智慧在当代社会的重要价值，进而引导人们用国学智慧解决现实问题。

1. 国学经典中蕴藏的智慧

国学经典中蕴藏了深刻的人生智慧，可以帮助人们探索知己、知人和知天的终极问题。

首先，人类共同的追求就是"知己"，也就是认识自己、客观地看待自己与周围人和事物的关系。中国传统文化历来重视人的价值，儒家认为人是万物之灵，道家认为"道大，天大，地大，人亦大"，基于此，国学经典认为人们可以通过对自我内在的探求，成为智慧的人。儒家强调"入世"，认为人要摆正自身的位置，"知之为知之，不知为不知，是知也"；还认为作为人最根本的就是要仁爱，要遵循仁义道德规范。道家强调"出世"，认为人要有自知之明，"知人者智，自知者明"；还认为人的本性就是无知无欲，只有不争不害，才能拥有巧智。释家常言"明心即佛""离性无别佛"，也是极为重视人心通透自知的。作为大千世界中心理活动最为复杂的生物，人对自身的认知往往最难琢磨，也最容易陷入主观的思维陷阱当中。中国的历史先贤们对自身认知较为通透，对人的本性有着合理的态度。故此，国学经典中随处可见这种自知的智慧和对人自身价值的认可。

其次，虽然人是独立的个体，但是不能脱离社会而单独存在，从本质上来说，人"也正是一个政治动物"，具有很强的社会政治特征。从古至今，人与人之间的关系都为人们所重视并出现在各种的文献当中。以儒、释、道为代表的国学经典在待人接物的问题上，特别强调知人的智慧。孔子说："不患人之不己知，患不知人也。"认为比起别人不了解自己，自己不了解别人才是更让人忧虑的事情，认为应当严以律己、宽以待人，与他人和谐相处。道家认为"知人者智"，要想达到知己知彼的境界，就需要不执着于美丑，对他人持有包容豁达的心胸。释家认为"佛法众生无差别"，强调人与人之间的平等关系，认为只有本心清净，才能够从精神的迷茫困顿中解脱出来。国学经典中蕴藏的知人智慧强调了解和包容他人，对于促进社会的和谐发展具有很大的作用。

最后，国学经典中还蕴藏着知天的智慧。先贤们对宇宙万物怀有敬畏的感情，认为"知地者智，知天者圣"，所以在很多国学经典中都表达了对天命的重视。孔子说："不知命，无以为君子也。""小人不知天命而不畏也。"认为君子必备的条件是了解天命，同时还需要敬畏天命，规范自身的行为，谨言慎行，这也是君子区别于小人的重要特征。儒家认为，只有做到天命和人性的统一，才能够"乐天知命，故无忧"。老子说："人法地，地法天，天法道，道法自然。"认为天、地、人是要遵循道（天地自然的规则）而运转的，只要按照自然规律去做，就会长久；反之，就会有危险。释家认为，世界就是整个宇宙的现在、过去和未来，包括自然界和人类社会的一切事物的总和。国学经典并没有将人类凌驾于自然界之上，也没有将人类置于自然界之下，而是在肯定人类自身价值的同时，提出了人与自然的密切联系，强调"天人合一"的主客体同构，这就是中国传统精神，也是中国经典中蕴藏的智慧。

2. 国学经典的当代价值

面对物质生活的诱惑和娱乐至上的大众文化腐蚀，人们的精神危机和生存危机逐渐显现。回归国学经典，发掘国学经典中蕴藏的智慧，不仅能够帮助人们实现自我人格的完善，还能够实现社会的和谐发展。同时，国学经典中蕴藏的智慧，也能够帮助人们在经济生活和工作中更好地完善自身和进行策略选择。

首先，现实社会中的人们，往往会受到权利、金钱的支配而感到焦虑和迷茫，国学经典能够帮助他们正确把握自身的本性，约束自身的行为，在实现自我人格完善的同时，推己及人。例如，对我国处于转型期的金融改革来讲，只有充分地考虑文化和法治的兼容，同时加强民众的道德思想教育，才能够更好地促进我国金融的健康发展。

其次，由于对物质生活的无止境追求，自然生态破坏较为严重，生态危机已经成为世界各国迫切需要解决的重要问题。国学经典中强调"天人合一"，认为自然与人如母子一般亲密，倡导人与自然的和谐相处，这就为我们解决生态危机提供了很好的解决途径。

最后，国学经典中蕴藏的"随机应变""通达权变"智慧，能够指导人们根据不同的情况进行利弊的权衡，在工作生活中灵活采取措施来应对。例如，在筹资管理方面，公司要结合自身的规模和发展所处阶段合理地选择资金来源和融资数量，制订出合理的、符合实际情况的发展规划。

第二章　行为金融学概述

一、传统金融理论的困惑

作为经济学在金融领域的一个分支，金融学研究的问题越来越趋于多样化和复杂化，且随着社会经济的发展，其在社会中所占据的地位也越来越重要。不过说到底，金融学所解决的问题依然是资源有效配置的问题。从静态角度而言，金融学所要解决的是社会各经济主体之间的资金融通问题；从动态角度而言，金融学所要解决的是不确定条件下的资源最优配置问题，这个过程是通过金融市场上的金融要求权和对未来资源的要求权进行定价和交易而得以实现的。

美国经济学家米勒认为，20世纪50年代之前，金融学还仅仅是"轶闻趣事、经验规则和核算数据"所组合成的概念大杂烩，直至20世纪50年代之后，金融学才逐渐地发展成为"以科学的实证研究为条件的严格的经济理论"。传统金融学的基础理论是德布鲁的证券市场均衡分析框架、马科维茨的均衡方差模型，以及米勒和莫迪格里尼提出的MM理论。至20世纪60—70年代，夏普等人基于资产组合理论构建出的资本资产定价模型、罗斯等人提出的套利定价模型，以及法玛等人提出的有效市场假说等，与20世纪50年代的基础理论共同构建出完整的传统金融学理论体系。

由此我们可以看出，现代金融理论实际上就是用主流经济学原理和方法对金融活动进行的刻画。在主流经济学中，最为核心的理论设定就是"经济人"假定，该理论设定也是经济学中最为基本的方法论原则。"经济人"假定的理论主张是：（1）人具有自利性。在经济活动中，人们总是追求利益的最大化，且没有产生社会效益的目的。每个人都在各种利益的比较过程中，选择自我的最大利益。（2）人是有理性的。投资者在进行投资决策时，均以最大效用作为目标；投资者对已知信息能够做出正确的估计，从而对市场做出无偏差估计。经济学中理性经济人对自身利益最大化的追求和对利益的判定是个体主观决策行为。在完全市场竞争中，主体的偏好决定了其所表现出来的经济行为特征。理性经济人在确定的市场竞争条件下，其经济行为就是基于商品的定价和预算求解最大化的利益。不过，传统金融学探讨的是在不确定的条件下理性经济人的决策问题。当不确定的因素被引入之后，理性经济人的决策行为就涉及更多复杂的选择问题。

在确定的条件下，消费者可以按照商品的各种有效组合进行排序，并从中选择最优的组合；在不确定的条件下，消费者的选择行为则是根据商品的期望效用进行最优化组合，而期望效用与实际效用并不等值，前者内隐多重主观因素。在理性经济人的最优效用选择中，起到关键性作用的因素主要是偏好、信念和行为。传统金融范式下的理性资产定价模型包括两方面内容：一是接收到信息后的主体是按照贝叶斯法来更新自身的信念的，二是在后验信念给定的前提下，主体是按照冯·诺伊曼－摩根斯坦的预期效用函数来形成自身的期望效用并实现资产配置的最优化的。但是，这种高度抽象的经济人假设模型并未得到行为经济学理论研究的认可。首先，虽然这种假设模型是以经济人的自利为核心进行构建的，但是社会实践中往往也存在利他的行为，否则就没有办法解释现实生活中的大量非经济动机的存在。行为经济学认为，人的行为不仅仅是利己的，它还受到一定社会道德规范的制约，从而并不会做出使利益最大化的行为。其次，人的理性程度是有限的，个体所做出的决策并不能够达到完全的理性程度。在实践中，经济人对市场信息的获取和加工过程主要是：获取大量包含有个体感知觉的材料—对得到的信息进行理性的筛选分析—基于约定俗成的知识对信息进行完善。而在进行市场决策行为时，经济人由于受到各种有意识和无意识心理过程的影响，并不能够如传统经济学所主张的那样完全具有理性。

由于对传统经济学中的理性经济人主张产生了质疑，西蒙提出了以"适应性行为模型"来替代"理性行为模型"的建议，他认为，由于决策人所处的环境具有不确定性和复杂多变性，故此其做出的决策与完全理性前提下做出的决策之间存在较大的差异性。在现实的金融市场之中，如果将各市场参与者假设为完全理性的个体，这是难以令人信服的。在金融市场中，人的理性是有限的，主要是根据其自身所掌握的信息寻求自身所关注因素的最优化解决方案，所以说，传统经济学中的理性经济人更应该被称为"有限理性经济人"或"管理人"。

在现实的金融市场中，投资者往往受自身冲动情绪或是市场"噪声"的影响而做出不明智的投资决策，即便他们掌握了真实的市场信息，并且决策时头脑冷静，也难免会受到自身心理偏好和行为偏差的影响。一般而言，金融市场上的行为偏差包括两类：一类是假设投资者的行为目标是追求投资组合预期价值的最大化，另一类是认知上的偏差极有可能导致投资者对所得到的信息进行错误处理并依据这些信息进行其所预期的最大化收益投资。由此可见，金融市场中的多数投资者大部分情况下并不如传统金融学理论所认定的那样，以经济理性最大化的原则进行投资决策，而是受到一些认知偏差和情绪感情等的影响。卡尼曼和里普（1998）认为，投资者在金融市场上的决策行为与传统金融理论模型并不一致，个体对金融风险的评估与冯·诺伊曼－摩根斯坦的理性假设并不相适应，而是表现出对其所关注的参考点的得失进行衡量。卡尼曼和托维斯基（1979）认为，投资者所关注的参考点并非是一成不变的，而是因时因地发生变化的，并且在对不确定后果进行投资预期时，投资者个体的行为往往会违背传统金融学中的贝叶斯原则。比如说，投资者往往会利用短期的历史数据对不确定的未来进行预测，当他们对这些历史数据的表征意义过分依赖时往往会忽略这些数据的偶然性，而这也导致了投资者投资的失败。除此之外，由于投资者个体在思维和表达方式方面存在差异性，这就使得对同一个既定问题，不同的投资者有不同的解决方式。比如，在选择投资项目方面，如果投资人发现股票投资长期收益高于债券，他们就会将财产投入股票投资中，但是如果投资人仅仅是关注到股票投资的短期收益波动较大，就不会选择将财产投入股票投资中。

行为心理学的有关研究表明，个体的理性偏离具有惯常性。就好比刚入市的股票投资者很多情况下是依照自身的投资理念进行买卖的，他们彼此之间的交易行为并非是随机进行的,而是常常受到传言和媒体的影响,这就说明投资者的投资偏差是具有社会性质的。投资者情绪理论认为,当多数投资者具有同样错误行为并形成趋势的时候,金融市场就会呈现出"羊群效应",这种效应越演越烈,最终就会导致整个金融市场的崩溃。

个体投资者的非理性投资活动所产生的偏差和错误,对金融机构的管理人员也会产生一定的影响。这是因为,金融机构的管理人员同样也会受到心理规律和行为偏差的影响。在现实的金融市场中,金融机构的投资者并不如传统金融理论中所预定的那样是完全理性的投资者、是市场有效性的坚决拥护者,而是更容易出现错误的决策者。同时,越来越多的金融市场的证据表明,公司决策者所做出的一些决策和行为往往也存在一定程度上的非理性因素,如过度自信等,这些投资者心理上的偏差极易产生公司在投资、融资等财务活动和行为上的不理性。

总的来说,传统金融学对作为市场参与者的投资人的理性经济人和有效市场竞争的假设很显然是不切合实际的。这种理论假设条件的坍塌,使得传统金融学陷入了理性的层层迷雾中。现代金融学理论试图建立起最优化的决策模型来解决投资者实践中遇到的决策问题,不过现实环境的复杂多变性使得人们在进行决策的过程中并不如最优化决策模型所描述的那样,最优化决策模型也无法解决传统金融学理论的困惑。而行为金融学理论基于投资者决策行为和市场运行状况构建起投资者决策行为模型,为金融决策提供了逻辑简明的公式指导,为传统金融学理论的困惑提供了很好的解决思路。

二、行为金融学的发展

传统金融学是基于传统经济学发展起来的，其资本资产定价理论（CAPM）、套利定价理论（APT）和期权定价理论（OPT）等一系列经典理论也承继了传统经济学的理性范式，对决策者的实际投资行为予以忽视。不过随着金融市场异象的频现和心理学研究的不断深入，传统金融学中理性经济人的假设已经不能很好地解释现实投资者的经济行为了，所以业内越来越多的研究者将目光转向金融学和心理学的融合，由此行为金融理论就产生了。作为行为经济学的一个重要分支，行为金融学理论研究肇始于19世纪50年代，它是心理学和金融学相融合的产物，主要研究投资者的心理、行为和情绪等对其投资决策所产生的影响和群体理性投资偏差对整个金融市场发展趋势的影响。20世纪80年代，行为金融学理论得到了极大的发展，一大批行为金融学理论研究成果问世。2002年，行为经济学家卡尼曼获得诺贝尔经济学奖，使得越来越多的研究者对行为金融学理论产生了极大的兴趣。时至今日，行为金融学理论领域已是硕果累累。

行为金融学理论基于投资者实际决策心理，着重研究金融市场中人为因素对决策行为的影响，很好地解释了金融市场的异常行为。行为金融学理论很好地揭示出了投资者心理因素在投资决策行为和市场定价中的作用，使人们对投资者行为的研究从"应该怎样决策"转为"实际怎样决策"，从而使得研究的结果与实际情况更为接近，也更具有市场参考价值。由于行为金融学发展的时间相对而言较短，虽然相关的研究成果很多也极具价值，但是由于涉及复杂的心理学问题，所以目前依然还处于理论的完善时期，相关的理论仍需要深入地进行探索和修正。国内有关行为金融学的理论研究成果近些年来较为丰富，并且在有关文献综述方面的成果也很多，这对行为金融学研究的深入具有很好的引导作用。不过总体来看，我国行为金融学的理论研究尚缺乏一个系统的研究框架，故此本章将对行为金融学的发展脉络进行系统的梳理。

1. 行为金融理论的发展历程

金融市场上越来越多的异象使得传统金融学理论受到了较多的质疑，故此越来越多的研究者开始对市场行为进行重新审视，对投资者买卖风险偏好和投资信念等进行修正。19世纪法国著名心理学家勒庞的《乌合之众》和英国记者麦基的《可怕的错觉》，开启了研究投资市场行为的大门。1936年，凯恩斯提出了"空中楼阁理论"。该理论认为，股票的价值虽然理论上取决于其未来的收益，但由于未来的不确定性，故此投资者应当将长期的收益预期划分为几段相关联的短期预期。也就是说，投资者的行为要受到心理预期和证券价格合力的影响，其交易行为充满着非理性的因素。该理论也被学界视为行为金融学理论的根源。

行为金融学真正意义上被提出始于20世纪50年代，提出者是布鲁尔教授和巴曼教授。1951年，布鲁尔发表论文《投资战略的实验方法的可能性研究》，首次将经济学和心理学融合起来解释金融现象。1969年，巴曼与布鲁尔共同发表了《科学投资方法：科学还是幻想》一文，认为将数量模型和传统的行为方法结合起来研究金融现象更切合实际。1972年，巴曼与斯诺维奇教授共同发表了《人类决策的心理学研究》一文，此文为行为金融学理论的发展奠定了基础。传统金融学理论认为，金融学是一门观察性质的学科，它必须在对事实进行深入观察的基础上才能构建出科学可靠的数学模型。但是，对于传统金融学的理论，越来越多的研究者表示并不认可，他们认为在观察基础上建立起的数学模型是不能够被反复证明的，仅仅是权威或是习惯的看法而已。不过，由于 20 世纪 70—80 年代正是传统金融学发展的高峰期，故此行为金融学理论相对处于弱势的地位。

随着计算机技术的不断发展，认知心理学在 20 世纪 50 年代以来有了飞速的发展。卡尼曼利用计算机进行言语报告的对比试验研究表明，在特定的情境之中，投资者实际的决策行为与传统金融理论所假设的应有决策行为之间存在很大的差异。1979 年，卡尼曼和托维斯基共同发表了《预期理论：风险决策分析》一文，正式提出了预期理论。该理论认为：当决策者面对利益获得时，其决策是规避风险的；当决策者面对利益损失时，其决策是追求风险的；当决策者面对的利益获得和利益损失是等量时，其决策行为是不同的，具有强烈的损失厌恶心理。这一理论的提出，极大地冲击了传统金融学所依赖的期望效用理论，同时也为行为金融学的发展奠定了基础。

20 世纪 80 年代后期是行为金融学的兴盛时期。1985 年，德邦特和塞勒共同发表了《股票市场过度反应了吗》一文，引发了学界研究的热潮，并由此被视为行为金融学的正式开端。1989 年，希勒从证券市场波动性的角度入手揭示出投资者的非理性行为特征，并且他在"羊群效应""流行心态"等方面也进行了较深入的研究，得出了一些极有价值的结论。在此之后，行为金融学研究一日千里，取得了突破性的进展。究其主要原因，包括以下几个方面：一是经济学对经济行为主体研究的回归，使得作为其分支学科的金融学也随之发生了研究方向的转变；二是行为心理学研究的不断深入和大量的市场异象表明了传统金融学理论基础存在缺陷；三是行为金融学注重对实际决策情况的研究，而并不是对决策应该怎样的设想，这是金融学理论研究方法的创新和变革；四是卡尼曼所提出的前景理论得到了学界的广泛认可。

20世纪90年代至今，行为金融学得到了进一步的发展，相关理论研究成果层出不穷。塞勒（1999）研究了投资者"心理账户"和"行为生命周期假说"等问题。我国学者刘力（1999）通过对有效市场的实证研究，从市场异象和投资者行为两方面具体论述了传统金融学所受到的源自行为经济学的理论质疑。此外，施莱弗对"套利限制""噪声交易者"的研究、奥迪恩对"处置效应"的研究，以及金和瑞特（1999）对IPO定价异常的研究等均得到了学界广泛的关注。拉宾（2001）将人的心理行为因素引入经济学分析模型的构建当中，研究了个体在自我约束的前提下出现的"偏好反转"和"拖延"等行为问题。王欣、桂泳评（2002）以行为金融学为出发点对市场异象进行了分析；易阳平（2005）认为，投资者的心智模式决定了其在投资中的成败概率；曾琪（2007）从防御型和进攻型策略出发论述了行为金融学在金融市场上的应用。斯塔曼（2014）在其研究论文中构建出了行为投资组合、心理会计和行为资产定价模型，认为投资者在进行决策过程中存在理性偏差。杨树婷（2014）将参与者心理因素和财务分析相融合，通过对个体心理和行为的分析来解释和研究金融市场。朴泰永和查特吉（2016）重点研究了投资者过度自信的行为，并对这种自信行为的增加对退休投资组合风险的影响程度进行深入分析，认为认知偏见在老年投资者投资决策中具有重要的影响作用。塞勒（2017）将心理学和行为金融学相融合，证明了个体的特性对投资决策和市场走向具有确定性的影响。瑞查迪等学者（2017）在行为金融学的专题讨论会上提出，行为金融学具有三种不同的偏见，即认知偏见、情感偏见和社会偏见。卡梅拉（2017）着重研究了美国四大行业资本结构中的"羊群行为"，认为制造业独具同时采用行业中值和领先资本结构测度的"羊群行为"。

2. 我国行为金融学研究的现状

行为金融学从国外传入我国的时间尚短，故此，目前中国的行为金融学理论研究依然处于引进学习阶段，多数研究成果以综述为主。应该说，国外的行为金融学研究为我国证券市场的研究提供了非常好的切入角度，具有非常重要的现实意义。对于我国证券市场的监管部门而言，如果想要保持证券市场的有序健康发展，就必须要把握住行为金融学对投资者投资理念和心理行为特点的研究成果，不断地推进金融证券市场体制的改革。

值得一提的是，由于行为金融学研究的对象主要是市场参与者的决策心理，所以其研究成果对投资者理性投资观念的培养也具有重要的指导意义。同时，中国证券市场与国外证券市场之间存在明显的特征差异，这种差异主要是受到社会和文化的影响所产生的，所以我们在对中国证券市场进行研究的时候，相对传统金融学理论，行为金融学理论在解释和预测方面具备更大的优势。在这种背景下，如果照搬照抄国外的传统金融学理论成果，比如市场有效性等，就显得意义不大，不过如果从投资者自身的心理和行为等入手，就能使行为金融学更贴合中国证券市场的实际情况。

总而言之，行为金融理论与中国证券市场的独特性是相适应的，故此，相对于传统金融学理论，我们在解释证券市场现象和进行市场预测时，更应当选择行为金融学的有关理论。行为金融理论的意义，并不仅仅在于为我们提供了研究的成果，更是为我们指明了一种新的证券市场研究方向和范式。

3. 行为金融学研究方向展望

无论是在国外还是国内，行为金融学还是处于理论较为分散的状态。主要表现在研究者利用心理学、行为学和社会学等与传统金融学相融合的研究成果中，还没有太多较为显著的案例，并且行为金融学的理论框架主要是基于实验室研究而提出来的，还需要更多的现实金融市场的数据支撑。值得一提的是，行为金融学也并非是要完全地推翻传统金融学的理论，而是要对传统金融学理论进行修正和完善，使之更为科学有效。行为金融学将"人"作为研究的重点并将实验法引入金融学研究中，反思了传统金融学将假设作为研究前提的做法，为研究证券市场指出了新的方向。

未来的行为金融学研究可能会聚焦在以下几点：一是继续对金融市场的异象进行挖掘研究，为行为金融学研究提供更多的案例；二是与心理学、社会学等学科进行融合，对投资者的认知偏差和决策过程等进行模型建构和规律性研究；三是研究金融信息、投资者信念在金融市场中的传播渠道，以及个体行为偏差与群体行为偏差之间的关系等，这对于解释股票市场的泡沫与崩溃具有重要的意义；四是对资产组合和市场定价模型进行研究，将投资者的心理因素和决策行为属性等因素融入市场定价模型之中，研究证券市场受非线性因素影响的程度；五是对行为金融学研究的手段进行有效的整合，并在此基础上构建出完整的理论研究框架；六是吸收其他相关学科中新的研究方法和研究理念，在此基础上构建出行为金融学自身的结构模型（如 SEM 等）；七是进行行为金融学的应用研究，利用行为金融学的理论来解释金融市场中投资者的行为，同时为投资者投资策略提供指导，以及为证券市场管理机构提供政策制定和有效市场监管的理论依据。

总的来讲，行为金融学的未来发展方向可能会是理论模型和实验研究方法相结合，从投资者心理和行为的模式入手进行研究。同时，计算机网络技术的发展和心理学、社会学等学科的发展，也将会促进行为金融学与其他相关学科的融合发展，从这个角度上来说，行为金融学的发展前景是极为广阔的。

三、行为金融学的内涵

行为金融学主要就是将传统金融学与心理学、社会学和行为学等相关学科融合起来，重点研究投资者的心理因素对其投资行为的影响。主要包括两方面的内容：一是投资者非理性的心理因素对其投资行为的影响。在证券市场中，很多投资者存在过度自信和规避风险的情绪，这种非理性情绪的存在对其投资行为造成了极大的干扰，如果形成群体化行为，就会对证券市场的稳定性造成不良影响。二是投资者行为在很大程度上取决于其投资心理。如果投资者对证券市场相关信息掌握不全面，就会形成较大的心理压力，进而对自身的正确判断造成影响，最终导致投资偏差的出现。

1. 行为金融学的相关学科基础

第一，行为金融学与心理学。马歇尔（1890）认为，"经济学是一门研究财富的学问，同时也是一门研究人的学问"。这句话表明，经济学和心理学之间存在着紧密的关系。1902 年塔尔德在其著作《经济心理学》一书中，提出了主观价值论和心理预期的观点，标志着经济心理学的诞生。经济心理学强调了经济个体非理性因素对其经济行为的重要影响。雷诺（1942）认为，人的行为并非是完全合乎逻辑的，它往往存在很多非理性的因素。不过直至 20 世纪 80 年代，经济心理学的研究成果依然较少，并未产生太大的影响，这一时期业内研究的重点在消费者心理上，理性心理观念依然占据主导地位。经济心理学源自欧洲，所以更多地受到欧洲构造主义心理学流派的影响；行为经济学源自美国，所以更多地受到美国行为主义心理学流派的影响。行为金融学与现代金融学本质上区别不大，都是要利用统一的框架结构来解决所有金融市场问题，区别就是是否融入了心理学等其他学科知识并将重点放在投资者的心理行为上，若论根源，行为金融学主要还是源自对一般经济主体心理和商品市场价格的研究。西方心理学对经济学的影响主要体现在"心理-行为分析法"的运用上，尤其是自凯恩斯之后，现代经济学各大流派均较多地应用这一分析方法，主要包括金融市场中的经济心理和行为、劳动力市场中的经济心理和行为等。这些研究发现，投资者的决策行为和经济学理性人假定之间存在着系统性偏差。与行为金融学关系紧密的现代认知心理学主要以对信息的加工为核心，一般被称为"认知心理学"，该学科的基本理论框架是：人的大脑是一个信息加工的系统，这个系统对外部环境和自身的内部过程进行信息符号的转换，是一种理性的、有意识的信息转换和解释系统，但该系统的无意识因素也可以对人的行为产生影响。认知心理学除了对认知过程进行研究之外，还涉及了人格、情绪、心理发展等领域，这也为行为金融学的研究提供了深入的可能。

第二，行为金融学与行为学。行为学在20世纪20年代有过飞跃式的发展，之后便逐渐沦为沉寂。自从阿克罗夫将行为学的假设引入经济学分析的框架后，行为学开始成为经济学家关注的重点。一般来说，行为学的基本原则包括三个：一是回报原则，即主体往往会重复那些能够为其带来回报的行为。二是激励原则，即曾给主体带来回报的刺激比未曾给主体带来回报的刺激更能诱发主体的同类行为。三是强化原则，即行为主体在未获得预期回报甚至由此受到损失时，将会被激怒，并进而要求实施补偿行为；反之，如果得到预期回报，或者并未受到损失，行为主体就会主动实施同类行为。行为学的上述原则不同于传统经济学理性人的假设，因为它涉及了经济主体的非理性行为，这是将人降至动物的层面进行经济行为分析，因此并未得到传统经济学家的认可。但是，行为学的基本原理对人的非理性行为进行研究也确实为行为金融学投资者行为特征的研究提供了重要的方法和思路。

第三，行为金融学和实验经济学。当传统经济学中的理性经济人假设无法满足对人们经济生活和行为的解释时，越来越多的研究者选择用实验心理学的方法来研究经济行为，并试图以此来修正传统经济学的假设，这就使得经济学的研究开始转向实验数据分析，对人的心理和行为进行关联式研究。认知心理学有关人的判断和决策的分析，以及实验经济学家对经济学理论的实验，这些都为行为金融学的发展提供了重要的方法和思路。实验经济学是指在可控条件下对某一经济现象进行决策者行为观察和分析,目的在于通过观察分析的结果揭示出经济行为的因果机制,并为政府有关经济决策的制定提供依据。实验经济学的发展经历了两个阶段:第一阶段是20世纪30—50年代,有三大标志性的经济实验类别。一是个人选择理论实验,主要用来了解个人效用偏好的影响因素和规律;二是博弈理论实验,较为著名的有囚徒博弈、信誉效应和议价过程等;三是关于产业组织的实验,主要是构建出虚拟的市场和组织形式,并在不同的信息和市场条件下对决策者行为和组织结构的变化,以及对市场价格的影响进行研究。第二阶段是1960年至今,随着实验经济学的方法不断完善,其实验结论也对传统经济学理论提出了挑战。史密斯(1982)通过对拍卖、政府采购和解规过程的一系列经济实验丰富了人们对机制设计过程中的经济关系的认知。实验经济学主要依赖构造模型、设计实验、进行实验、归纳统计和得到结果这样的过程对经济现象进行研究和解释,其所验证的一般是人的行为,故此需要借助于行为和心理分析的方法。实验经济学能够将论证后正确的知识引入经济学领域,使得人们了解到市场运行的真实模式。并且,实验经济学的研究过程是可控的,其作为方法论也可以为行为金融学提供以下几方面的研究路径:一是根据实验现象进行假设模型的推测;二是对假设模型进行实验检验;三是利用合适的模型对异常现象进行解释。现下,已经有越来越多的研究者对金融市场的有效性和稳定性决策进行实验设计和模拟。

第四,行为金融学与行为经济学。行为金融学是行为经济学的重要分支之一,其所采用的基本观点和研究方法均源自行为经济学。行为经济学的发展始于20世纪50年代，具有三个重要的特点：一是其以实际调查结果为依据，对某一时期消费者和企业经理人的行为进行不同环境的观察与比较，然后通过概括总结得出结论；二是主要关注点在投资者决策的过程，而并不是投资者决策行为所产生的效果；三是更重视决策过程中人的因素，故此也常常被称为"管理经济学"。20世纪70年代，以卡尼曼等为代表的行为经济学家对传统经济学中的理性经济人假设等进行了修正，开创了专门研究人的非理性行为的行为经济学。此后，以莱布森为代表的经济学家先后建立了各种研究模型，为行为经济学的进一步发展构筑了理论基础。行为经济学认为，每一个市场中的现实决策者都不是完全意义上的理性人，他们的决策行为不仅受到自身认知偏差的影响，还受到市场外部环境的影响，在进行决策的过程中，决策者的心理框定、启发式思维等往往具有决定性的作用，而在进行决策选择的过程中，决策者的风险厌恶和参考点等都是关键性的影响因素。行为经济学通过引入心理学的研究方法，强化了自身对各种经济现象的解释能力，特别是随着网络技术的不断发展，传统经济学理性人假设暴露出来的问题越来越多，经济学体系从以理性为核心的现代性逐渐转变为理性之外的后现代性，"经济人"逐渐被"社会人"所取代。值得一提的是，经济人的理性在传统解释范围内依然是具有有效性的，行为经济学对理性经济人并非完全否定，而是将理性和非理性相结合，以更为客观科学的方法对人们的决策过程进行研究。

2. 行为金融学的核心内容

行为金融学作为一门新兴的交叉学科，主要研究人们在金融决策过程中的认知、情感和态度等心理特征，以及这些特征对市场非有效性的影响。行为金融学具有三方面特点：一是融合了心理学、社会学和行为学等相关学科的理论；二是试图解释导致金融市场异象的原因；三是研究投资者在决策过程中出现系统性偏差的原因。早期的金融学主要侧重于对金融市场异象的实证研究方面，近年来，随着各相关学科研究的不断深化，金融学的研究者也开始尝试从投资者心理出发建立模型来解释市场异象，这就是行为金融学的发端。换句话来说，行为金融学主要源自对传统金融学有效市场假说的质疑。有效市场假说主要根植于三个假定：一是理性投资者假设，二是投资者间的交易行为随机发生，三是理性套利者能消除投资者非理性行为造成的市场价格偏差。对于有效市场理论的最后一道防线——套利理论，行为金融学研究范式也是能够予以突破的。

行为金融学理论主要研究的是：在市场竞争中，投资者做出错误决定的原因是什么？投资者错误投资决策背后所蕴含的心理学规律有哪些？金融市场上的投资者的错误和偏见会对市场价格产生哪些影响？等等。随着行为金融学的不断发展，目前其理论基础已渐渐确立为如下两块：一是有限套利，就是说在现实金融市场中，金融产品的不完全替代性、套利者的分线厌恶心理和噪声干扰等会使市场有效性受到影响；二是投资者的心理，主要探讨现实世界中投资者的投资理念和投资决策选择是如何形成的。这两块基石相辅相成，共同构建了行为金融理论研究框架。具体来讲，行为金融学的核心内容包括以下三方面：一是金融市场的异象；二是心理偏差和非标准偏好；三是有限套利。

3. 行为金融学与传统金融学辨析

传统的金融学理论将投资视为动态均衡的过程，故此在理性经济人假设和有效市场假说的前提下，构建出了证券市场的均衡模型。有效市场假说是传统金融学的基础理论之一。安德鲁·施莱弗认为，有效市场以三个逐渐弱化的假设条件为前提：一是投资者是完全理性的；二是即便投资者并非完全理性，但由于交易的随机发生，还是可以抵消彼此的不理性对价格的影响；三是如果不理性投资者的行为趋同，那么市场可以利用套利手段使得价格恢复理性。在有效市场理论出现后，金融学理论研究界质疑的声音不绝如缕，金融噪声理论、协同市场假说等均对其进行过修正和完善，但是最具有挑战力的莫过于融合了行为理论和金融分析的行为金融学。

行为金融学通过实验手段，综合分析了投资者心理、行为和情绪对金融决策、市场价格和市场走向的影响，认为金融市场的价格不仅取决于金融产品自身的因素，往往还取决于各参与主体的心理和行为因素，换言之，金融市场并不是有效的。行为金融学就是在对传统金融学理论基础的质疑中发展起来，并逐渐形成具有自身特色的研究框架。行为金融学的理论基础是前景理论，通过对投资者心理行为模式的研究对传统金融学的市场有效性假设提出了质疑：一是投资者并非具有完全理性的行为；二是投资者的非理性行为并非是随机发生，而是具有一定的规律性；三是套利会由于某些条件的限制而无法发挥出预期的理性回归作用。因此，行为金融学的研究可以归纳为三个层次的内容：一是有限理性的投资者；二是群体行为；三是非有效性市场。这三个研究层次与传统金融学是相互对应的关系，即：有限理性投资者 Vs 完全理性投资者；随机交易 Vs 群体行为；完全市场假设 Vs 不完全市场。

总的来讲，行为金融学认为由于个体之间存在差异性，故此不同个体对经济环境变化做出的反应是不尽相同的,加之个体主观的价值判断,就使得个体的投资行为与经济环境之间产生了复杂的互动关系。也就是说,不同个体对金融市场的不同认知,将会转化为各自的投资行为,并且造成相互间的决策影响,最终将会在市场价格上得到反映。传统金融理论假设人是完全理性的经济人,认为市场价格的变动源自宏观经济水平和盈利水平等基本面的变化,对个体投资决策和群体投资决策对市场价格的影响作用予以忽视。从这个层面来讲,行为金融学以人为中心的生命范式研究是对传统金融学机械力学范式研究的完善。不过,就研究方法层面来讲,行为金融学和传统金融学均是致力于对金融市场现象的解释,不同之处在于行为金融学是以投资者的心理和行为作为研究的重点。

第三章　有效市场面临的现实挑战

一、金融异象

金融异象主要是指与有效市场假说等经典的资本市场理论相违背的现象，换句话说，就是证券市场上具有某些特征的资产或是资产组合经过风险调整之后，其实际收益率要远高于预期收益率的现象。金融异象的存在，表明了市场的无效。行为金融理论主要就是针对各种金融异象而发展起来的，其主要的研究内容就是市场中存在的各种金融异象。具体来讲，资本市场上的金融异象主要包括以下几种类型。

1. 资产收益率的可预期性

在有效的金融市场当中，未来的资本收益率是不能够根据现有信息预测出来的，但是，现实生活中不断有资产收益率能够被预期的异象出现。

一是基于价格和基本价值测量尺度的回报的可预期性。首先，对于整个金融市场而言，较高的基本价值/价格比率，就代表着长期的股票高收益。基本价值/价格比率与回报的可预期性，可以追溯至20世

第三章　有效市场面临的现实挑战

纪 30 年代，格雷厄姆和多德研究发现，超额的回报可以从低 P/E（市盈率）策略中获得。例如，要在快速增长的行业中搜寻到基本面优良的公司，然后对该公司对外披露的经营状况进行深入分析，这个公司要符合 7% 以上的增长可能性，对于那些有周期性风险且 P/E 值较高的公司不予考虑，然后购买 P/E 值较低的公司股票，这样就可以产生超额的风险调整回报；还有就是寻找被错误定位的公司，然后购买他们的股票，这样也可以产生超额的风险投资回报。2000 年，霍德里克等对坎贝尔的动态资产定价模型进行了拓展，结果发现该模型对高跨国账面/市价组合的高收益无法进行合理的解释。2001 年，皮尔托斯基通过研究发现，如果重点投资具有高账面/市价组合的公司，就可以得到较高的收益。从低 P/E 策略中获得的回报大部分是在随后的收益里宣告实现的。

其次，会计收益率可以对投资回报进行预期。基于基本利率对交易策略进行分析主要采用的是复合数组合，这个复合数是利用会计比率进行计算的。在这个组合形成后的多个年份里，资本投资将会获得较大的异常回报。会计收益率主要是根据对投资项目整个寿命周期内的平均会计利润和预估资本占用比进行计算的，实际应用中，主要有两种资本占用的定义，即将初始投资支出作为资本占用和项目寿命周期内的平均资本占用。例如，可以用应收账款、利润总额、资本费用、有效税率和审计资格等会计指标形成组合进行预测，在收益宣告日后即可获得部分异常回报。最后，是使用构造的基本价值指数对股票收益进行预期。20 世纪 90 年代，奥尔森构建出了一个剩余收入的模型（EBO），这个模型将账面价值和未来预期剩余收益的贴现值作为股票的价值。剩余收入模型与传统的股利折现模型具有较大的区别，该模型构建的理论基础是：一家公司的投资价值在于其将来资本收益超出资本成本的能力，P/B比率将随着公司经济价值能力的增加而增加，如果这家公司不能够赚取超过其资本成本的收益，那么其股票价格低于净资产就不足为奇了。在实际的金融市场中，盈利预测往往被用来作为预期盈利的变量。使用剩余收入模型，弗兰克尔等在1998年经研究发现，使用分析家盈利预测的价值指数/价格比相较于账面/市场价值的预测，在回报上更有力。次年，他们通过研究发现，跨国投资策略中使用这样的预测策略将会产生异常的回报。

二是基于过去回报的可预测性。首先，长期反转效应是指在一段较长的时间里，表现差的股票在其后的时间内会有强烈的逆转趋势以恢复到正常水平，而在给定的一段时间里，表现好的股票则是倾向于在其后的时间内出现较差的表现。有关长期反转效应的统计学证据，最早可以追溯到20世纪70年代。希勒和勒罗伊通过研究发现，在投资者知晓并纠正股票价格之前，股价对一些信息或是历史值具有长期反转效应。由于长期反转效应的存在，就使得股票价格暂时地偏离了基本价值。这种价格行为模式使股票价格总体上比有效市场模型所描述的价格要易变。此后较长时期内，先后有很多学者发表研究文章证实长期反转效应的存在。1985年，德·邦特和塞勒通过实证研究发现，在过去的半个世纪里，那些在三五年前被视为"失败股"的股票，在之后的几年里往往可以获得较高的收益，但是那些在过去几年里表现较好的"绩优股"则会在未来的三五年内表现平平。在他们的实验中，35只"失败股"组合在三年后的市场收益率超过市场平均收益率的19.6%，绩优股则是要低于市场平均收益率的5%。这个实验的结论与长期反转效应的假设相印证。1997年，拉波尔特经过研究发现，被股票市场分析家预测为低收益增长的股票在收益宣告日往往表现出价格的向上跳跃，而被股票市场分析家预测为高收益增长的股票在收益宣告日往往表现出价格的向下趋势。他认为，产生这种情况的原因是股票市场分析家对过去收益变动的过分依赖，从而使得新的收益信息到来时仅仅是慢慢地纠正他们的错误。其次，与长期反转效应相对的是反应不足。反应不足指的是股票价格对影响公司股价的基本信息没有能做出及时充分的反应，主要的表现是当影响股价的信息到来后，股票价格在最初的价格反应基础上并没有上调到应有的水平，或者是需要经过较长时间才能够调整到应有的水平。其所造成的后果就是强者恒强、弱者恒弱，即股价上涨是延续之前上涨的趋势，股价下跌是延续之前下跌的趋势。所以，在反应不足理论成立的前提下，买进前期股价强势的股票和卖出前期弱势的股票，这两种投资行为相组合形成零成本投资组合，就可以获得正的异常报酬。导致反应不足的心理因素主要是保守性偏差，即对基础评判给予了过多的权重，而对于新的信息重视度不够，被证实偏离贝叶斯估计或是判断。除此之外，心理距离和心理账户也是反应不足的重要影响因素。

三是小公司和规模效应。排除股票市场风险因素后，小公司股票的收益率要明显高于大公司的股票收益率。1981年，班茨最早通过实验研究证实了这个现象。他将纽约股票交易所的全部股票按照公司规模分为5组，发现无论是总收益率还是风险调整后的收益率，都存在着收益率随着公司的规模增加而减小的趋势。他还发现，规模最小的一组普通股的平均收益率比规模最大的一组普通股的平均收益率高出19.8%。同年，莱格努姆经过研究发现，公司规模最小的普通股票的平均收益率要比根据资本资产定价模型（CAPM）的收益率高出 18%。2003 年，我国学者戴志敏和姜雨霏在对几种影响较大的金融异象进行概括的基础上，从心理学角度解释了其产生的原因，主要包括投资者过分自信、启发性思维的失误、投资者心理期望中价值与权重的赋值以及心理账户的关闭回避情绪与心理会计等。

四是期间效应。期间效应也被称为"日历效应"，是指在一段时间内，股票的价格变化呈现出一定的规律性。1980 年，弗朗斯经过研究发现，股票价格在一周之内的周一价格明显较低，这就是"周末效应"。1988 年，凯姆等研究发现，股票价格在 1 月份要高于 12 月份，这就是"年末效应"。如果能够充分地利用期间效应，就能够取得超额的收益。期间效应的例子还有很多。如果根据有效市场假说，那么投资者就可以利用这种规律进行投资获利，最终将会导致这种规律性的消失。但实际上并非如此，期间效应一直都存在，并且不断地得到发展。虽然有一部分投资者利用期间效应的规律进行股票投资，但正是由于这种效应的不确定性，往往会误导投资者进行错误投资而造成重大的损失。所以说，期间效应虽然是客观存在的，也很难有完美的理论去进行解释，但是这种规律性并不是必然的，更多的是交易性机会，这也是理性投资中的一种噪声。

五是基于公众信息事件的可预测性。事件研究的一个较为普遍的发现是显著的异常回报发生在公司的事件期间。首先是公司首次股票发行（IPOs）和增发股票（SEOs）。相关文献表明，首次股票发行在短期内容易被低估。如果发生首次股票发行和增发股票的事件，投资者将会迅速地将资金投入，这样就会使五年后产生的总收益大致相当于购买并持有首次股票和增发股票样本产生的总收益的 70%。显而易见，IPOs 和 SEOs 长期收益率较低。无论公司规模大小，这种现象都是极为明显的。其次是公司之间的并购事件。20 世纪 80—90 年代，阿斯奎斯和阿格拉瓦尔先后通过研究发现，并购方在并购宣告发下来的 5 年内是负的异常回报。1997 年，米切尔和斯塔福德对近 50 年的综合合并样本进行检验后也发现，并购方是负的长期异常回报。然后是股票回购。1997 年，米切尔等人对近几十年的自行招标或股权回购企业收益进行研究的过程中发现，相对于较大规模和账面/市场价值组合计算出的事件发生后 3 年的购买并持有异常回报值（BHARs）而言，自行招标样本的回报率是 9%，股票回购样本的异常回报值是 19%，两者均高于规模和账面/市场价值组合。再就是股息派发和省略。1995 年，米切里等研究者对 1964—1988 年间的宣告派发股息和省略股息公司进行了研究，结果发现派发股息的公司在股息派发后的 3 年有正的异常报告，而不进行股息派发的公司则有负的异常报告。基本上派发股息的公司在宣告后的 1 年业绩表现要优于市场组合，而不派发股息的公司股票的业绩则低于市场组合。最后是股票分拆。1997 年，研究者德赛和杰恩发现，股票公司在拆股后的 1 年内会有将近 7% 的正的异常收益率。这些异常回报是相对于股本大小等基本条件计算出来的。

六是基于情绪变量的可预测性。业内研究者的研究结果表明，股价的变动与影响投资者情绪的环境变动因素有关系。许多心理学家经过研究认为，人类的行为与阳光有关，如果一个人晒的阳光越多，那么他的感觉就越好，就更为积极和乐观，人们也更倾向于在天气好的情况下购买股票。桑德斯（1993）是最早将股市和天气联系起来进行研究的学者，她通过实证研究表明，天气对股票价格具有显著的影响。卡玛斯特拉（2000）认为，日照长短会影响人们的睡眠模式，从而间接地影响到股票的价格。

2. 股价长期偏离基本价值

价值投资是以较大的折扣买入内在价值被低估的股票的一种交易策略，以求以最小的风险获得长期的较好的投资回报。经过无数次的实践验证，这是一种在所有的投资环境下都很安全的投资策略，也是对传统金融学"有效市场理论"的一种挑战。股票价值投资者相信，股票市场中的股票会出现周期性的定价错误，出现价值与价格相互偏离的股票，进而利用这种价值偏离来投资获利。

首先，孪生股票价格差异现象。孪生股票指的是由同一家公司发行的、在世界范围内进行交易的，但是并不在同一个交易市场进行交易的股票，其最主要的特征是同一股票具有不同的交易价格。一般来说，如果孪生股公司的现金流是整合在一起的，那么其股票的定价应该是一致的，但经过学者的研究发现，同一个公司的孪生股之间存在明显的价格差异，并且这种现象广泛存在于世界各股票市场之中，如我国的 A、H 孪生股票。这种偏差的存在，用传统的税收政策、交易成本等差异是无法很好地进行解释的。

其次，母公司的市值有时要低于子公司。1999 年，希尔等对母公司和子公司的股价进行研究后认为，母公司的股价往往会出现低于子公司的现象。投资者在进行股票投资时，要了解一家公司的价值，就不仅仅要看股价，还要看总股本。有的母公司的总股本很大，股价却较低；有的子公司的股本较少，股价较高，但是总市值不大。母公司持有的子公司股权都是需要统计到母公司资产中去的。

最后，加入指数效应。指数效应是指在指数运算中，指数能够增大数值变化的比率。例如，如果基数大于1，那么虽然每次运算过程中实际的增长率并没有发生变化，但是指数运算后的基数都得到了正向增益，等到下次再进行增长时，就不仅仅是在原有的基数上增长，而是合并上次的增益后再进行增益。基数越大，指数越大，增长数率就越大。例如，基数1.3和1.1指数运算10次后，就不是3倍的关系，而是12.4倍的关系了。依照这个规律，股价只要保持较高的基数增长态势，就能够获得预期惊人的收益。由于在股票市场中事件发生时受到影响的股票已经在指数中，所以用信息和流动性来解释价格的高速率增长是不具有可信性的。

3. 证券价格的过度波动性

在证券市场上，股票价格的波动是一种正常现象，是促进证券市场流动性和活跃性的重要途径，但是如果证券市场股票价格经常性地发生大幅度异常波动，就会造成市场价格机制的扭曲，甚至影响到股票市场资源配置功能的有效发挥。在完全理性状态下，股票价格仅是在相关信息披露时才会发生变动，但是在现实的证券市场中，股票回报和价格/股息比率确实是高度波动的。德朗和谢福等四位学者在1990年首次提出了"噪声交易者风险"的概念。谢福认为股票市场的波动性太大，并且不能够用未来股息的变化来进行解释。他将资产价格的过度波动原因归为人类的行为模式，认为股票的整体价格波动频率看起来要比其内在价值决定的价格变动频率高许多。有关投资者情绪对股票收益和波动性的影响效应，主要包括四种：一是"持有更多效应"，该效应表明噪声交易者对股票需求的改变会促使股票市场风险的调整。二是"价格压力效应",该效应表明在具有上升趋势或是下降趋势的股票市场中,投资者的交易行为会促使股票价格偏离原来的基本价值。在处于上升趋势中,"价格压力效应"强于"持有更多效应",平均收益会有所提升;在处于下降趋势中,"持有更多效应"要强于"价格压力效应",平均收益会有所降低。前两种效应的存在,说明了噪声交易对超额收益具有短期效应。三是"高买低卖效应",该效应表明噪声交易者对风险的错误理解会导致股票市场价格的波动,当大部分的噪声交易者具有牛市的情绪时,就会抬高股票的价格,反之,则会降低股票的价格。四是"创造空间效应",该效应表明当噪声交易者预期的波动性增大时,资产价格的风险也随之而增大。这两种效应的存在,说明了噪声交易对收益的长久效益,以及噪声交易者情绪的波动对资产价格波动性的影响。2002年,有学者对股票收益、波动性和投资者情绪之间的关系进行了GARCH-M模型分析,经研究发现,投资者情绪在牛市/熊市的改变,能够导致股票市场波动性向下/向上调整。同年,又有学者利用GARCH-M模型分析了股票市场的波动性、投资者情绪和超额收益三者之间的关系,研究认为投资者情绪在资产定价时是一种系统性风险,超额收益和情绪变动呈正相关。

4. 股权溢价之谜

1985年,研究者普雷斯科特和梅赫拉提出了这样一个现实存在的问题,即:从美国股票市场长期数据中可以观察到股票收益要远远高于无风险债券收益,如一段时期内的股票收益率为7.9%,相对的无风险债券收益率仅为1%,溢价达6.9%。从其他发达国家股票市场的数据中也可以发现不同程度的股票溢价现象。这两位研究者运用标准的代表消费者动态优化的模型，通过基本的跨期欧拉方程，得到了股票溢价的表达式。很明显，无论是股票的溢价还是其他资产的溢价，最为本质的是风险的溢价，而这里所指的"风险"，并不体现在收益的方差，而是体现在收益和产出的协方差，因为投资者关心的是最后获得的收益总额。仅仅假设股票和债券这两种收益分布相反的资产方差是相同的，很显然具有实践不合理性。基于此，这两位研究者利用相对风险厌恶系数（CRRA）的效用设定得到了不可调和的股票溢价谜题：如果想要解释现实中的高股权溢价，就需要高的CRRA；但要解释现实中的低债券收益，就需要高的跨期替代弹性（IES），即需要低的CRRA。

1991年，研究者坎德尔和斯坦博对股票溢价之谜提出了不同的观点。他们认为，投资者实际风险厌恶值要比传统研究中所认定的高，但这个结论会导致另外一个问题的出现，即"无风险利率之谜"。为了适应实际中的低利率情况，就需要在研究中假定投资者具有极大的耐力，能够给予将来消费和现在消费同样的权重，换句话来说，就是投资者要具有低的甚至是负的时间偏好率。2006年，巴罗从新的消费动态角度重新审视了消费的时间序列，对股权溢价做出了一些解释。不过，总的来讲，股权溢价之谜用经典金融学理论是无法完全合理地解释的。

5. 过度交易

所谓过度交易，是指金融市场上的实际成交量要远远大于建立在标准金融学理论假设之上的交易模型中的成交量，也就是说，在实际的股票市场交易中，投资者并没有进行理性的决策和交易，而是处于一种非理性的、盲目的交易状态，由此导致了过度频繁的交易。过度交易现象不仅在散户中较为常见，在大型的机构投资者中也很常见。对于这种过度交易的原因，传统金融理论的解释主要是三种：一是噪声交易者假说，核心思想是金融市场信息的不对称和交易者的风险偏好不一致导致了股票价格与价值相偏离的现象；二是流动性交易者假说，核心思想是金融市场上一部分投资者仅仅是为了追求潮流而购买或卖出股票，目的在于体验而非获取更高的利益；三是异质投资者假说，核心思想是不同投资者对证券预期收益和收益的分布具有不同的预期，这种预期就对其投资决策行为产生了重要的影响。

1980年，格罗斯曼和斯蒂格利茨研究认为，要想说明预期市场的合理成交量，仅仅用模型是不够的，所以我们也就不能认定实际中的成交量是过高和不合理的。如果投资者是完全理性的，那么交易的触发条件就必须要满足边际收益大于等于边际成本，从这个层面上来讲，成交量大小不能够成为交易合理性评判的依据，合理的股票价格需要通过交易者不断的交易来实现。不过，大量的实证研究结果表明，多数进行频繁交易的短线投资者，在很多情况下会促使大盘指数下跌，这就证实了过度交易是无效的。德·邦特和塞勒在1995年经研究发现，投资者过度的自信，成了这种频繁交易行为很好的解释。1999年，奥迪恩通过研究认为，在理性预期模型假定下，成交量理论上为零，而在限制交易的成本为零的情况下，成交量理论上可以达到无穷大。2002年，肯尼斯·金和诺夫辛格在对日本证券市场进行数据分析中发现，历史上表现良好的投资者在交易量上会超过历史上表现不佳的投资者。2013年，杨德勇和彭博在"过度自信会导致过度交易"和"过度自信引起过度交易的程度逐渐减弱"两个假设的基础上，构建出风险价值模型（VAR）

进行实证研究，研究发现投资者会将自身所获取的信息与自身过去投资成功的经验相结合，进而产生一种过度自信的心理误判，从而选择频繁交易，不过随着股票市场的不断成熟，过度自信导致的过度交易趋势将会逐渐降低。

6. 封闭式基金折价

封闭式基金折价，指的是每份封闭式基金的市场价格并不等于每份基金的净值，尽管封闭式基金有时也会按照比净资产价值高的价格进行转让，但是绝大多数的时候，封闭式基金都是以低于净资产价值的价格转让的。目前，无论是国内还是国外的封闭式基金都存在着高折价的长期发展趋势，这种现象是很难用传统金融学有效市场理论加以解释的。封闭式基金折价的谜团包括：一是在初始募集阶段，封闭式基金往往会出现10%左右的溢价，为什么投资者在明知一段时间之后会出现折价交易的情况，还是愿意购买新基金？二是在封闭式基金交易的3个月后，折价交易会成为普遍的现象，并且折价幅度高达20%，这是什么缘故？三是为什么封闭式基金的折价幅度会随着时间的变化而发生浮动？四是当封闭式基金面临清算或转为开放式基金时折价率会降下来，而当基金宣布解体时原来的基金持有人就会获得大部分的直接收益？对此现象，经典金融学理论的解释主要是代理成本论、资本利得论、业绩预期论和非流动资产论，但是这些理论并没有对这个现象给出合理的解释。1990年，德朗和谢福等学者建立了噪声交易者模型。其后，1991年，李、谢福和塞勒等基于这一模型，提出了投资者心态假说，认为投资者的心态和噪声风险对这个现象能够进行合理的解释。

7. 股市的低风险异象

股市低风险异象，指的是高 Beta 证券的 Alpha 往往偏低的现象，这种现象的发生与传统的资产定价模型相违背。资产定价模型的一个基本的假设是投资者可以任意投资单位风险预期收益最大的组合，从而使自身的风险偏好得到满足。不过实际上，由于受到融资等的制约，投资者不可能自由使用杠杆，为了达到预期的收益，他们也只能够选择高 Beta 的资产进行投资，这就导致了相关的资产价格与价值相互偏离，风险调整后的收益就会降低；反之亦然。故此，这种投资并不被投资者所偏爱，这就使得未来的风险收益会加大。对内含杠杆的 ETF 基金的偏爱，直接证明了多数的投资者不能够直接去使用杠杆。为了更好地对低风险异象进行研究，2014 年，弗拉兹尼和佩德森构建了 Beta 套利策略模型，发现在全球超过 20 个的股票市场上运用套利策略模型均可以获得稳定的盈利，并且随着 Beta 资产价格差异的加大，收益也显著增高。此后的学者对盈利策略模型进行了深入应用研究，结果也显示出低风险异象的现实存在和有效性，并且认为这种异象受到市场流动性的影响是较大的。值得一提的是，目前我国对该市场异象的研究成果还稍有欠缺。

二、行为金融学对金融异象的解释

对于金融市场中的异象，金融学家们试图给出解释。例如，学者们将股权溢价归因于债券的风险较低，导致股市所要承担的高风险要由高收益进行补偿。不过，公司股票和长期债券之间的风险差异并不能够完全解释两者风险报酬的差异。对于实际存在的金融市场异象，传统的金融学理论很难给出合理的解释。由于人作为生活实践中的行为主体，其本身是不完全理性的，所以运用行为金融学理论来解释投资者的决策行为，就为金融市场异象的解释提供了新的思路。

1. 投资者的过度自信

心理学的研究成果显示，人们往往会高估自身的能力和成功的机会，这种认知偏差就是过度自信。行为金融学认为，典型的认知偏差就是这种过度自信。在处理较难的问题时，过度自信更为明显，往往表现为将成功归为自身的能力，而将失败归为非人力所能够控制的因素。过度自信并不会随着时间的推移而减弱，反而会对人们的投资行为产生恒久的影响。过分自信的投资者往往会夸大其所获得的关于股票价值的小道消息，并且总是不断地强化这一认知。过度自信的投资者在处理信息时往往会轻视公司披露的财务报表信息，而重视自己所得到的小道消息。

2. 启发性思维

行为学的有关研究结果表明，人并不是很好的直觉处理器，在面对大量与统计相关的投资决策时，人们的心理状态往往会使其出现投资决策的失误。启发性思维引起的投资失误主要包括典型性思维、锚定思维、显著性思维、选择性关注等。人类的大脑往往会将表面相似但是实质不同的东西归为一类，这就是典型性思维，这种思维会导致投资者对旧有信息的过度反应。例如，网络泡沫的成因就是网络刚兴起时，网络公司的股票回报率一般较高，所以部分投资者就将名称与网络相关的公司视为好的投资对象。锚定思维指的是人类大脑在解决复杂问题的时候，一般是选择一个参考点，然后根据所获得的信息不断地对答案进行修正，这种思维往往会导致投资者对信息反应不足。例如，股票市场上某家公司突然宣布自家股票收益会有实质性的提升，但是由于投资者受到锚定思维限制，往往会认为收益的提升是暂时的，所以尽管该公司股票价值上升，但股票价格并未提高。显著性思维是指某些事件发生的概率很小，但一旦发生后影响很大且为人们所瞩目，对于这样的事件人们通常会高估其发生的概率。选择性关注则是指人们事实上只会关注自己感兴趣的对象，对资本市场中，对某一投资的追捧或冷落并由此导致的价格波动，就与这种受事物特征影响的选择性关注造成的注意力反复无常的特性有关。

3. 价值的心理赋值

根据卡尼曼和托维斯基的期望理论，投资者在预期损失的情况下，通常是具有风险偏好的，而在预期盈利的情况下，往往是具有风险规避的。基于此，股权溢价有可能就是风险规避的心理所导致的，而"处置效应"则是由于赢家使投资者看到了盈利的前景，所以投资者更倾向于接受确定性的结果，而输家则是使投资者看到了损失的前景，所以投资者更倾向于进行冒险的赌博。这样，投资者持有输家组合的时间就会加长，而持有赢家组合的时间就会缩短。

4. 推理心理效应

推理心理效应，指的是人们往往都想要等消息公布之后再做出决定，即便这些消息对于他们的决策行为并不重要。这个效应可以解释重要公告出台前股价和交易量波动不大，但公告出现后股票市场就会出现大幅的价格变动和成交量变动的现象。

三、行为金融学的贡献与不足

1. 行为金融理论的主要贡献

行为金融学的主要贡献在于其基本上完成了金融学理论研究范式（即基本原理、基本假设及研究规则等）的转变，建立起融合金融学、行为学、心理学和社会学等相关学科在内的分析框架，进一步拓展和完善了金融学研究的空间。行为金融学对传统金融学理论研究的范式予以突破，改变了传统资本市场理论过于理想化的假设，提出了投资者是非完全理性的普通人、市场是不完全竞争的、市场信息并非是完全的、市场并非是有效的等假设，综合运用多学科的分析方法，利用数学模型的构建等研究方法，对资本市场上投资者最优化资产组合和最优决策等进行研究，从而发展出了与传统资本市场理论完全不同的新的理论分析框架。

行为金融学以崭新的视角系统合理地解释了资本市场上出现的种种异象，提升了金融学的解释力。所谓异象，指的是实际市场与金融资本市场理论相悖的现象，这些异象的出现，无疑是对经典金融学理论的挑战。尽管经典金融学也对市场异象进行过相关的解释，如额外风险补偿、偶然因素的影响、投资者通过套利消除市场异象等，但是之后大量的实证研究结果表明，诸多的经典金融学理论解释是不成立的，或者说是不能令人满意的。例如，一些研究结果表明，美国股市股票和债券每年的回报率差异并不能够完全归结为对股市风险的补偿。又如，一些研究结果表明，某些市场异象的存在并非是短期的偶然现象，而是长期存在的现象。行为金融学理论从两个方面对市场异象提出了解释：一是从投资者的心理偏差入手，通过心理学的相关实验解释投资者偏离贝叶斯法则的行为，例如选择性偏差、保守性偏差、过度自信偏差、归隐偏差等；二是从套利限制入手，认为由于套利限制的存在，使得理性的投资者没有办法消除这些市场异象，由此使得这些市场异象长期地存在。

行为金融学理论初步打开了投资者实际决策过程的"暗箱"，使人们能够了解在不确定的市场状态下投资者实际判断和决策的过程，对资本市场投资者的实际决策行为具有重要的指导意义。经典金融学资本市场理论只考虑到了投资者的最优化行为，据此确立投资者最优化的投资决策，并没有考虑到投资者的心理和行为，与实际的市场不相符合。行为金融学理论重视对投资者实际判断和决策过程的研究，深入分析这些判断和行为背后所蕴含的深层次社会、心理等原因，打破了人类行为不变的假设，认为投资者实际的判断和决策过程是一个连续且可变的过程。具体来说就是，投资者个体之间存在性格、文化和习惯等的不同，这些不同将会使他们产生心理偏差，从而使他们在实际投资中偏离最优化的策略选择。例如，在面对复杂的决策任务时，人们不再使用概率的方法，而是更多地依赖于直觉和经验，并且在进行决策过程中具有多样化的偏好，并非是完全追求利益的最大化。受到个人情感、信仰等偏好的限制，投资者在实际决策过程中往往会表现出情绪化的非理性行为。

行为金融理论创造性地提出了由于套利限制的关系，非理性投资者可以在长期股票市场上获利，并且能够对股价产生长久的影响的观点，这也是构建证券市场微观行为的基础。对于"错误判断了资产回报的投资者能否在竞争性资本市场上生存"这个问题，经典金融学研究者认

第三章　有效市场面临的现实挑战

为，错误判断了资产回报的投资者无法在竞争性资本市场上生存下来，因为非理性投资者喜欢买高卖低，而理性投资者总是可以利用非理性投资者的错误进行套利，这就将出现非理性投资者不断失去财富并最终被市场淘汰的后果。对于这个问题，行为金融学给出了不一样的回答。行为金融学理论认为，在理性投资者和非理性投资者共存的市场中，非理性投资者不但不会消失，反而可以在市场上长期生存而且对股价有长久的影响。主要原因是：一是资本市场上由于噪声交易者风险、买卖差异等交易成本的存在，使得理性投资者的套利行为受到限制，这使得他们对套利丧失兴趣。二是非理性投资者由于过度自信等心理偏差而低估了市场风险，所以他们会进行频繁的市场交易，在风险资产上拥有更多的头寸，结果是他们可以创造出更高的预期利润，从而使得市场的股票价格长期偏离实际的价值。行为金融理论体系的构建成功，使其在解释传统金融学不能够很好地解释的金融市场问题上显得游刃有余，并且也为金融市场参与者规避风险和发现资产价格等提供了新的途径，对于资源的优化配置也起着极大的作用。

　　作为行为金融学中最具代表性的理论——期望理论，引入了心理学实验来证明人们的种种心理偏差，使得人们对待风险的态度并不如预期模型中所描述的那样，而是在面临风险时更倾向于追求风险。行为资产定价理论对噪声交易者和信息交易者进行了理论描述，并且认为即便是理性的交易者，也能够在共情的影响下决定资产的最终价格走向。在行为金融学理论中，证券的预期回报会受到股价异常波动和噪声交易者的参与等因素的影响。行为投资者具有金字塔层状结构的资产组合，每一层与投资者特定的目标和对风险的态度相联系。此外，行为金融理论还构建出了三个重要的模型：一是 BSV 模型（由巴巴瑞斯、谢福和维斯？尼于 1998 提出），二是 DHS 模型（由丹尼尔、赫希菲尔和苏布拉马尼亚姆于 1998 年提出），三是 HS 模型（由洪和斯坦于 1999 年提出）。这三个模型能够很好地解释股价短期不足反应和长期过度反应等一系列经典金融学理论无法解释的复杂现象。

2. 行为金融学的不足之处

行为金融学理论目前存在的最大不足，就是理论体系的不成熟、不够系统化，不能够对资本市场上存在的种种现象给予一致性的合理解释。经典资本主义市场理论之所以会成为主流的金融学理论，是因为其用简洁的数学公式建立起了统一的理论体系，并用以回答资本市场上存在的各种金融方面的问题。行为金融学是新兴的理论，尚未形成统一的理论体系，主要表现在：一是行为金融学理论内容较为零散，各分支理论之间的联系并不紧密，相互间的逻辑性不强；二是在金融市场当中往往存在着看似相反的现象，行为金融学对这些现象仅能够解释其中的部分，而不能够从整体上予以解释。虽然从某种程度上来讲，行为金融学的这种特性也可以视为灵活多样，但是如果没有一个系统完整的理论分析框架，逻辑不严密，就会在很大程度上对行为金融学的发展造成阻碍。一般来讲，金融市场上一些看似相反的现象，主要还是与投资者个体心理和行为的易变性相关，与个体的性情也有很大关系，所以如何用一套系统科学的理论来解释人们在不同情境下的心理偏差，是行为金融学有待解决的重要问题，也是难点问题。

具体来讲，行为金融学理论上的不足可归纳为以下几方面。

首先，行为金融学修订假设条件重于补充现实的因素。古典经济学

第三章 有效市场面临的现实挑战

主要是以理性经济人假说为基础，而行为金融学则认为，在现实生活中金融市场上的行为人更多的是表现出不完全理性的情况，理性经济人的假说与实际是不相符合的。究其本质来说，假说本身就是将次要的因素去除，并不是完全符合实际的。因为经济学研究本身只能采用抽象的方法，借助于数学模型的建立，通过逐渐加入现实的因素来得到更趋向于实际的结论。例如，经济学中的市场理论就是基于完全竞争市场而得出的，但是现实中的完全竞争市场几乎是不存在的，这个市场理论的得出，显然对于解释垄断市场、不完全垄断市场等很有益处。经济学的结论一般来说只是普遍的、整体的，在平均意义上具有正确的意义，而到了具体的个体，就无法进行合理的解释。对于个体的研究，应该是心理学的范畴，行为金融学是心理学和金融学、社会学等相关学科的融合，对于个别的现象能够很好地进行解释，但是不太能够将这些个别的现象串起来，形成普适性的结论。所以，传统的金融学理论是不可能被替代的，行为金融学应当利用传统金融学的理论模型，在此基础上加入现实的因素，不断地去完善传统金融学的理论，而并不是取而代之。

其次，解释金融异象重于模型的建构。行为金融学源自对传统金融市场异象的解释。1970年，库恩指出，行为金融学对明显的金融市场异象有三种回应模式：一是在原有理论框架下对异象进行解释；二是认为现有知识理论无法解释，留待理论完善后进行解释；三是在新的模型框架下对异象进行解释。目前，比较科学完善的行为金融学理论模型较少，研究的重点主要还停留在对市场异象和认知偏差的定性描述，以及鉴别金融市场行为决策属性等方面。由于人类心理是多样化的，仅仅根据一种或是几种心理效应是无法完满解释所有市场异象问题的，所以行

为金融学对传统金融学的反驳存在一定的缺陷，最终无法摆脱被现代金融学同化的命运。行为金融学相较于传统金融学来讲，所具有的优势是明显的，但目前其理论的系统性和逻辑性均存在缺陷，缺少指导实际研究的理论模型，并且在解释金融异象时总是运用投资者固定行为模式偏差理论，对投资者实际决策过程与行为偏差之间的转化少有研究。目前的行为金融学可以被视为传统金融学的补充，是否能够形成统一完善的理论，还有待于进一步的学科融合发展。

再次，行为金融学对异象的研究上存在不足。一是对社会政治经济制度的研究不足，而政治经济环境对人们的金融决策也是具有重要影响的，不同的政治经济环境下，投资者会做出不同的决策行为。相关研究表明，多数异象发生于中小型公司的股票上，而大公司的股票很少发生异象。虽然这也可能与套利相关，但是对买空限制等的制度壁垒也可能会引起这些异象的发生。二是忽略了人们对异象的学习研究。现有的行为金融模型在进行预测时并未将人们异象学习的过程纳入进去。但是相关研究结果表明，当实验条件发生了改变，且被试者对实验的概率和事件足够地了解，在这种情况下，多数不确定情况下的心理偏差会消失。

最后，个体心理分析重于对一般环境的分析。行为金融学注重对投资者多样化决策心理的分析，在这个方面，它突破了传统金融学理论的最优策略模型，认为投资者决策模型就是决定金融市场价格变化的实际投资者决策模型，这使得研究的结果更趋向于实际。不过，由于个体的心理和行为源自复杂的环境因素，不同的个体表现出来的心理和行为具有多样化的特征，所以行为金融学过于追求对个体的针对性研究，也就相应地使研究结果的普遍性意义较为缺乏。另外，行为金融学过于重视人的因素而忽略市场的客观环境条件,这也导致目前文化与社会差异造成的金融市场的差异性成果较为少见。

3. 行为金融学的发展方向

首先,行为金融学可以在对经典资本市场理论的扬弃基础上形成自身统一的理论体系。经典资本市场理论虽然在实践中出现了较多的异象,但是作为主流的且成熟的理论,仍有许多方面值得行为金融理论借鉴,如构建合理简练的数学模型、公式等。行为金融学应当在经典资本市场理论的基础上进行创新,构建出成自身成熟完善的理论模型。目前,行为金融理论较为成熟的模型主要是BSV模型、DHS模型和HS模型。除此之外,多数研究主要是定性描述和观察。例如,期望理论知识运用了各种心理学上偏差的定性描述和案例调查的方法,说明不确定状态下投资者实际判断和决策的过程,并未采用构建模型的方式,这就显得很主观和随意,缺乏逻辑性和规范性。所以说,未来行为金融学研究可以将理论模型和实验方法相结合,基于心理学、社会学等构建出理论模型,对各种金融市场行为产生的原因进行实证分析,对金融异象进行合理的解释,提高问题解释的普适性。其次,行为金融学理论研究目前还聚焦于对异象的研究,对投资者的决策和资产定价方面研究较多,但是对公司金融、股权定价等的应用型研究较为少见,但后者确实又是行为金融学不可或缺的重要组成部分。除此之外,行为金融学对异象所存在的制度和学习改变的研究也将会成为未来研究的重点。总的说来,行为金融学的未来发展方向是研究视野的拓宽,既可以结合相关的经济学理论深入分析投资者的行为,又可以拓展行为金融学对公司金融等领域的应用研究。

第四章　理念决定行为：国学与行为金融结缘

一、文化驱动行为金融发展

从本质上来讲，民间金融市场是基于人情关系为特点的地域文化发展起来的，与社会关系网络的构建和发展密不可分，而社会关系网络的构建和发展，则与国学经典中"知人"的智慧密不可分。荀子说："知之在人者，谓之知。"认为人际交往中要知己知彼。老子说："道者，万物之奥。善人之宝，不善人之所保。"就人际关系层面来讲，就是在交际中要遵循一定的原则和方法，更要具有豁达包容的心胸。同时，人际交往也离不开诚信，国学智慧中的"言必行，行必果""狂而不直，侗而不愿，悾悾而不信，吾不知之矣"等，就说明了信用的重要性。由此看来，在地区金融业发展的过程中，以国学经典为代表的传统文化作为非正式制度约束是可以对其产生明显正向促进作用的。对于我国正处于转型期的金融市场而言，只有加强民众对以国学经典为代表的传统文化的学习，使其通过文化的熏陶提升自身的道德水平，提升人际交往与

第四章 理念决定行为：国学与行为金融结缘

协作的能力，才能够更好地推动我国金融业的发展。

1. 民间金融市场的文化基石

民间金融市场的发展有赖于人们之间形成的社会网络，以及由此形成的秩序和文化。生活在同一地区的人们具有相同的文化传承，彼此间很容易形成相对稳定的社会关系网络。相比于西方社会，中国社会的关系网络更为显著。民间金融市场赖以生存和发展的基石就是这种社会关系网络。费孝通认为，"乡土社会的信用并不是对契约的重视，而是发生于对一种行为规矩熟悉到不假思索时的可靠性"。由此可见，民间社会生活既具有地域性特征，又具有依靠约定俗成的共有文化来确保的特征。这种民间社会网络或称为地域文化，为民间金融的产生和发展提供了肥沃的土壤。

首先，地域文化和民间金融市场发展的信息存在不对称的情况。在民间金融市场里，贷款申请者的信用情况缺乏相应的法律担保，由于民间金融市场信用状况往往表现为道德形式，所以民间金融组织仅能够通过贷款者的亲戚、朋友和商业合作者等渠道获取其信用信息。由此，我们可以设定一个简单的民间金融信号博弈模型：假设民间金融组织对贷款申请人进行社会关系网络信用调查，并将调查结果进行信用评估，以此确定贷款申请者的偿还能力并决定贷款发放与否。贷款者如果决定贷款给申请者，就会对被评估具有偿还能力的申请者收取 R_1 的利息，对被评估不具有偿还能力的申请者收取 R_2 的利息，并且 R_2 的值要大于 R_1。贷款申请者一般情况下是诚实的，但也有少数例外（如不具有偿还能力，但提供虚假证明等），这些例外者往往通过贿赂的手段使得金融机构审核通过他们的贷款申请。对于具有偿还能力的贷款申请者来说，

其贿赂的成本为 C_1；对于不具有偿还能力的贷款申请者来说，其贿赂的成本为 C_2。借款额度的变化对 C_1 和 C_2 的值并没有影响，并且 C_1 的值总是小于 C_2。假设贷款金额为 M，贷款申请者通过贷款金额获得的效用率为 b，同时假设金融机构向不具备还款能力的贷款行申请者提供贷款，相关款项无法回收。在民间金融市场中，金融组织对贷款申请者偿还能力的甄别可以用信号博弈表示。基于以上假设，我们可以得到一个信号博弈模型，其中博弈双方收益是在贷款期结束时分别通过借贷行为获得的净收益。通过求解可知，如果想要实际情况与信息相符合，就需要贷款申请者向民间金融组织提供真实的信息，那么需要满足两个条件：$C_1 \leq M(R_2-R_1)$；$M(1+b) < C_2$。

这两个条件的直观含义就是，有贷款偿还能力的贷款申请者需要付出的贿赂成本要小于其因自身偿还优势所获得的利息优惠，而不具有偿还能力的贷款申请者需要付出的贿赂成本则要高出其通过贷款所能获得的收益总额。这两个式子要成立，需要同时满足以下的条件，即：R_2 比 R_1 大许多，C_1 很小，C_2 很大。也就是说，贷款偿还能力越低，其所要付出的利率就越高。通常情况下，民间金融机构会对贷款申请者进行调查和甄别，如果贷款申请者足够诚实，那么就能够很好地避免道德风险的出现。民间金融机构对于利率的控制较为灵活，并且地域文化社交网络关系一般也较为稳定，所以民间金融市场能够迅速地得到发展。由于地域文化所形成的社会关系网络相对稳定，所以人际间的博弈是具有重复性的，参与者会考虑到长期合作的关系和自己的声誉，这就使得合作模式得到了极大的维护。并且，由于贷款申请者可能不止一次需要金融贷款，所以他们对自身的信用值很重视，一般都会如实地回答金融机构的调查问题。

其次，地域文化和民间金融市场发展的道德风险关系。地域文化网络社会运行良好的基础之一，就是人际关系网络的道德风气良好。在地域文化网络社会中，道德规范对人的守信行为模式具有重要的维护作用。如果一个人不守信用，那么同地域中的人们就会失去对这个人及其家人的信任，对他们产生动机防范。所以，在由熟人组成的相对封闭的社会关系网络中，信用的丧失将会造成极为严重的后果，而民间金融组织正好可以利用地域文化的这个特点对民间借贷行为进行信誉约束。在群体利益对道德规范具有整体诉求的社会关系网络中，地域文化的"集体意识"发挥了关键性的作用。具体表现在：一是在地域文化形成的社交网络中，个体的信誉成为其贷款申请成功的基础；二是贷款申请者不道德的机会主义行为将会使其独吞"失却营生，再业无门"的苦果。在相关法律法规不健全的情况下，这种后果的道德行为约束力和压力是非常强的。由此可见，在地域文化形成的社会网络中，一般贷款申请者都是具备偿还能力的，并且较少有将贷款视为单次博弈的，即便有贷款人不注重自身声誉的行为出现，民间金融组织也有足够的手段挽回贷款的损失。在地域文化形成的社会关系网络中，本地区的人们所共同谴责的对象就是不守信用者，如果民间金融组织采用非正式手段对这种不守信用的行为进行惩罚时，同地区的人们也会默认这种违约后应当接受的惩罚。假设民间金融组织采取法律的手段能够挽回全部的贷款本金和利息，并且法律诉讼费用为 s；民间金融组织采取非正式的手段剥夺贷款者财产能折合的数额大于贷款本金和利息之和，贷款总收益率为 $r+p$。由此得到如图4-1所示的动态博弈模型。

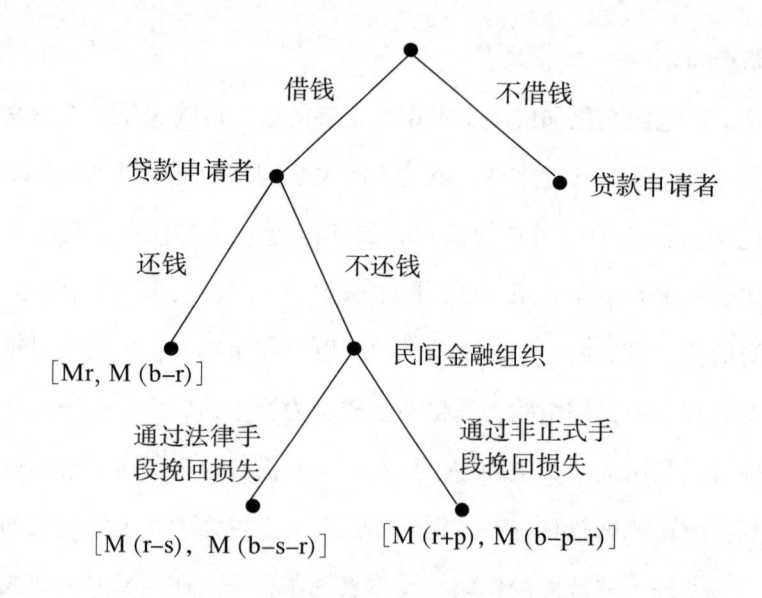

```
                          ●
                   借钱 ╱   ╲ 不借钱
                     ╱       ╲
              贷款申请者        ● 贷款申请者
              ╱    ╲
          还钱 ╱      ╲ 不还钱
            ╱          ╲
     [Mr, M(b−r)]      民间金融组织
                        ╱    ╲
              通过法律手 ╱      ╲ 通过非正式手
              段挽回损失╱        ╲段挽回损失
                     ●          ●
            [M(r−s), M(b−s−r)]  [M(r+p), M(b−p−r)]
```

图 4–1　民间金融组织与贷款申请者间的完全信息动态博弈模型

求解得到这个动态博弈模型的均衡状态为：贷款者申请贷款—民间金融组织发放贷款—贷款者归还贷款。如果民间金融组织仅拥有一条借由法律挽回损失的路径，从理论上来讲，均衡也没有发生变化。但是，实践中民间金融组织却很少利用法律途径来解决问题，其主要原因是：一是在地域文化背景下的熟人社会网络结构中，民间金融借贷往往采用口头协议而非书面协议的形式，所以出现纠纷的时候借贷双方都很难受到法律的保护，并且民间金融合法性边界较为模糊，这也会促使借贷双方选择非正式途径。二是民间借贷的金额一般不多，走法律的途径耗时耗力，机会成本太高，这也会促使借贷双方选择非正式途径。由此可见，正是由于有了熟人社会关系网络的支撑，非正式手段才能替代法律途径维持民间金融借贷秩序的运转。换句话来说，如果没有了以地域文

第四章 理念决定行为：国学与行为金融结缘

化为背景的熟人社交网络的支撑，民间金融偿付机制就不可能实现有序运转，民间金融市场也就很难发展起来了。

最后，中国传统文化与民间金融的可复制性。基于地域文化传承的熟人社会网络的形成和发展是民间金融发展的重要因素，所以在进行民间金融市场研究时，需要注重文化因素的考虑。文化传统和基于文化传统的价值观体系，会自动增强民间金融的生存能力，在共有价值观念的基础上，民间金融可以在更大的范围内复制和传播。人情关系是传统文化重要的组成部分，这不仅表现在整个社会的价值取向上，还闪现在社会结构当中，在民间金融市场的发展历史上，山西票号就是很好的例子。山西票号在19世纪20年代到20世纪20年代近一个世纪的时间里，具有极大的民间金融影响力，分号甚至延伸到了日本、朝鲜和中国香港地区。支撑这个民间金融奇迹的，就是"笃诚信"的承诺和强调"真善"的独特文化魅力，是守信、团结的传统文化的延续。"合会"是存在时间更为久远的民间金融组织，它的基本形式是：会首召集若干人建会，每人出资若干为会金，会首坐收首期会金，之后各期按规则分别由会员获得。在这个过程中，会首必须确保合会的有效运转，如果有人拖欠汇款，会首需要索要或垫付。从中不难得知，在合会运转过程中，人际信任是必要的条件。现代温州民间金融的迅速发展，也从一个侧面证实了这个推断。在温州地区，人们具有"认盟兄弟盟姐妹"的文化习俗，在商业发达的背景下，这种文化习俗无疑又通过姻亲建立起了相对稳定的市场参与主体。如果某个温州地区的经营者需要资金来扩大生产，他就会首选这种合会的形式来筹集资金。相关研究结果显示，民间金融活跃地区的合会活动分布相对集中，主要就是在温州和浙江台州等地,这也说明了民间金融受到地域传统文化的影响较为明显。

2. 金融市场发展过程中传统文化约束的稳定与变迁

首先,构成社会基础的文化是自发形成的,这些非正式的道德准则约束了地区人们的行为,对社会生活的构建具有稳定作用。由于人们在社会生活中对于这些约定俗成的文化传统和风俗习惯是自动自觉遵循的,所以这些文化传统和风俗习惯是否有效,很大程度上取决于它们是否给人们带来利益回报。在很多时候,受到利益的驱使,人们往往会选择违反规则或是试图改变规则,如果这种情况成为普遍现象,那么传统文化的稳定性就会受到破坏。正式制度的建立,源自非正式的风俗习惯和道德准则,是作为稳定或是改变现有非正式文化的一种手段而确立的。然而,有的时候,正式制度的建立是为了规范某些缺乏非正式制度框架约束的社会行为。在正式的规则中,最重要的是为了规范集体决策而建立的规则,所以随着正式制度的确立,法律和政府就被引入人们的社会生活体系当中,确保人们能够遵守正式规则。在谈及正式规则和传统文化间的关系时,我们通常是从上到下进行考虑的,也就是考虑政府建立正式制度对非正式规则和习俗的影响。1990年,奥斯特罗姆将制度规划划分为三个层次:行动规则—集体决策规则—宪法选择规则,并认为较高层次的规则会对较低层次的规则产生一定的影响,所以在分析中前者应当占据主要地位。

其次,制度形成源自协议和力量的不对等情况。社会规则对限制人们的行为进行调节,制度规则使我们能够对他人的行为进行预期,同时这个预期的过程也对我们的选择进行了显示。正式制度建立的核心目标是要找到可信的方式影响他人的行为预期,使之与社会公认的行为预期

第四章　理念决定行为：国学与行为金融结缘

相符合。在多数情况下，我们可以通过自我行为约束来实现，但有时确实需要第三方力量来做辅助，这就产生了外部实施的正式制度。尽管不同情况下社会正式制度的任务可能会有所不同，但是制度演化的逻辑确实是相同的，是对互动者行动的规范化限制。社会正式制度的效能是策略冲突的根源，其可以导致均衡吸引力的产生。策略行为人对社会正式制度的遵循是均衡吸引力发挥效用的结果，制度的发展更像是行为人之间的竞赛，他们彼此间争夺规则对己方的利益倾斜。这样看来，社会正式制度的变迁就成了社会成员之间的一种动态性的讨价还价的博弈过程。为了对社会制度的变迁进行理论解释，就需要对行为人的社会行为进行探究。对处于强势地位的行为人来说，他们可以通过必要的措施和方式让其他人遵守秩序，而对处于弱势地位的行为人来说，他们最优的选择只能是服从处于优势地位的行为人所制定的规则，无论在其内心深处愿意与否。由此得知，行为人对于某项制度或规则的遵循并非是出于自身的意愿，而是相对来说并没有更优的选择。当某项制度形成后，就会在各方利益角逐下实现相对的稳定状态，所以制度的变迁通常要耗费较长的时间，并且成本也相当高，需要利益相关者对新的问题和利益分配实现一致的认可。具体来说，当下面两个条件获得满足时，就可能会发生制度的变迁：一是行为人有能力改变现存的社会规则，并且原有的利益分配也将随之发生变化；二是针对目前难以解决的集体问题，提出一个更优的利益分配方案，而这个集体问题同时又是制度变迁的前提条件。利益分配结果的变化对社会制度变迁具有非常重要的影响作用，对社会制度中处于劣势地位的群体来说，作用尤为显著。

再次，非正式制度的稳定性和冲击。传统文化因具备了"千年不变的时效性"而成为最强有力的社会约束力。在新的时期，我国法制制度与非正式制度的有效结合，能够对民间金融的发展起到促进作用。然而，社会文化是发展变化的，并不是一成不变的。非正式制度存在的挑战之一是不守规则所带来的明显激励，如果行为人无法通过选择其他的策略来增加自身的利益获得，那么在其他行为人预期策略既定的情况下，他还会继续遵从这项制度，即便是其获取到的利益较其他行为人要少，这主要是因为该行为人不能与其他的行为人实现新的利益平衡。假设在某些情况下行为人能够拥有比遵守秩序更好的选择，那么会出现什么情况呢？在民间金融发展的资金借贷中，贷款人破产规则本身具有了自我实施的性质，破产规则中"优先求偿权"可以改变借贷双方的合作动机。如果民间金融组织通过抵押、联保等方式增强了贷款人的外部信用，那么就可以使高偿还风险的贷款人得到贷款的可能性增加。民间金融组织将这种外部信用的增强视为防范风险的措施，没有这个措施做保证，高风险的贷款人就很难借到钱款。当这样的风险防范措施依然起不到作用时，作为放款方的民间金融组织还会对贷款人施加压力，以确保在其破产时能够享受优先的赔偿权。我们可以将债务人无力偿还贷款视为借贷双方的囚徒困境博弈。对单个贷款人而言，采取单方面的行动往往比合作更有利，但是债权人会为争夺债务人的资产而起冲突，甚至会损害剩余资产的盈利，最终导致债权人获得的偿还降低。这种囚徒困境博弈为非正式制度的稳定性问题提供了很好的解答。在一次性囚徒困境中，如果放款人认为其所进行的交易行为是一次性的、不为人所知的，那么就会产生违背破产规则获得短期盈利的动机。不过，如果他认为其所进行的交易将会是多次的，那么他就会用长远的眼光来看待交易，从

第四章 理念决定行为：国学与行为金融结缘

而选择遵守规则。博弈者越是对未来的收益重视，就越会遵守交易中的规则。所以说，随着群体规模的增加，群体内部个体违规行为受到惩罚的概率就会降低。究其原因，主要包括两点：一是互动的人数越多，同种行为的行为人间的联系就越大；参与的人数越多，未来互动中遇到同种行为的行为人的可能性就越大；民间金融组织根据未来交易中遭受制裁的可能性对贷款人欺诈行为进行预估，如果预估的风险较低，那么贷款人欺诈行为获得的预期收益就会增加。具有欺诈行为的贷款者有极大的可能在未来得到不守规则的坏名声，群体内部其他人拒绝与他打交道，不良声誉将会间接减少不守规矩的贷款者长期收益的获取，但这也要受到群体规模及内部传播范围的限制，随着群体规模的增大，不良声誉传播将变得困难。二是群体规模和非正式制裁行为结果之间存在一定的联系，这主要受到制裁措施合理性的限制。由于制裁本身也需要付出一定的代价，除非这些代价在将来能够得到补偿，否则实施制裁威胁就是一个不合理的策略。现行的制度下，受益者和非受益者双方表现出来的行为动机不同，对规则受益者来说，采取非正式制裁是理性的行为。

最后，非正式制度向正式制度的转变。当我们将预期问题和大规模的群体中有效非正式制裁缺乏的问题结合起来考虑的时候，导致分配不均的非正式制度的可行性就显得很不合理了。一是对现行制度下的受益者来讲，违规行为会削弱制度的功效；二是现行制度如果由外部实施机制来增强的话，所需要付出的代价较大。由此可以引入"交易成本"的概念，来解释在非受益者违规的情况下非正式规则存在的原因——成本太高。现行规则下受益者所能容忍的违规行为底线，可以通过预期收益的比较进行解答：假设规则受益人 A 选择现有非正式规则的临界概率是 PC，初始收益为 X。在现有规则均衡的结果下，A 的分配优势为 E。如果行为者选择新的正式规则，那么△值表示 A 未达成均衡结果情况下能够得到的补偿。C 表示规则正式化过程中耗费的成本。假设规则受益人 A 用因子 d 折现未来，现在的期望收益等于个人互动利益的折现总和。如果考虑违反规则的可能性，就必须将单次互动的现状收益视为按遵守规则和违背规则概率计算出的收益总和。公式为：PC（X+EA）=（1–PC）（△A）。

以此式为基础，假定维持现有非正式规则的长期收益为：E（现有规则）=［PC（X+EA）+（1–PC）（△A）/（1–d）］。

采用新的正式规则的长期收益需要按折现率进行计算，忽略有人可能会无视制裁这种可能性，得到的新规则的长期收益为：E（现有规则）=（X+EA）/（1–d）–C/（1–d）

将这两种收益进行对比，不难发现，当违规所造成的预期损失超过了外部约束机制的成本时，非线性正式规则的受益者将会寻求国家法律的帮助，以确保分配优势。违规行为所造成的损失大小，随着现行非正式规则下分配优势和违规互动次数的比例变动而发生变动。两个因素的叠加使得违反规则的损失增加，如果损失超出了国家法律介入的政治成本，现行的非正式制度将会向正式的制度发生转移。反之，非正式制度将会一直存续下去。

3. 我国金融发展中的传统文化转型特征

我国社会经济大致经历了两次大的转型：第一次是从宗族制度向封建制度的转变，最早可追溯到战国时期，历经 300 余年，最终确立了封建制度；第二次是从封建制度向现代社会的转变，大约开始于 1840 年

第四章 理念决定行为：国学与行为金融结缘

左右，但由于受多种因素的影响，最终未能成型。现下的社会转型，可以视作第二次社会经济转型的延续，最终将建立现代化的民主社会。不难发现，从第一次社会转型到第二次社会转型，这中间大概有近2000年的社会、经济、文化发展历史。如果按照威廉姆森的非正式制度约束公式计算，很显然第一次转型后所形成的文化约束力更强，并且对第二次的社会、经济、文化转型也起到了极大的影响。

在第一次转型过程中，经历了汉初崇尚"黄老之学"的调整后，国家治理结构开始出现"独尊儒术"的发展态势，所以儒家思想逐渐成为局域统治地位的意识形态。在儒家思想社会地位得到认可后，其礼仪规范渗透进了时人的社会生活，并逐步融入国家正式的法律之中。现存唐代颁行的《唐律》，就是儒家思想融入国家正式法律的证明。在儒家思想占据统治地位的古代社会中，人们彼此之间所认定的都是具体的人，而非抽象的法律条文，也就是说整个社会结构是由人际关系网络构建成的。很显然，在这种社会结构中，一切的标准都要事先明确当事双方的关系之后再进行取舍，民间金融的发展所依赖的就是在儒家文化思想影响下的"熟人社会"，并且这种儒家文化也是我国新时期金融行业发展的基石。

从另一个层面来讲，虽然我国传统社会以儒家文化思想和伦理规范建立起了稳定的体系结构，但是这种文化传统在第二次转型中受到了三次巨大的冲击：一是清末至"五四运动"时期，中国传统文化受到西方文化思潮的影响，旧的社会秩序全面崩溃，旧的道德伦理受到极大的质疑；二是20世纪60—70年代，这一时期的社会观念并没有与中国传统文化实现很好的融合；三是20世纪80年代至今，中国传统文化再次受到西方伦理和人权主义的冲击，在这个时期，中国传统文化的发展呈现出混乱的局面，伦理规则出现了一定程度的"道德真空"和"信仰缺失"。

尽管我们认可地域文化背景下产生的道德约束，也认为这种约束能够促进金融行业的发展，但是我们也应当看到，随着现代社会人口的激增、社会流动性的加大，熟人社会的道德约束力正在逐渐地减弱，而这也正是由"熟人社会"向"陌生人社会"转型的过程。从经济的角度来讲，中国现阶段正在经历由计划经济向市场经济转型的重要时期；从社会学角度来讲，中国现阶段正经历由传统的地域文化关系社会向现代的契约型社会的转型，而这个转型相对而言更为重要。这是因为，社会文化对经济行为主体的行为选择和制度变迁的路径，都将会产生重要的影响。所以，我国现阶段转型期的文化也呈现出了"地域性"与"现代"、"熟悉"与"契约"的双轨制特点。

4. 传统文化与金融发展关系的实证分析

对于金融发展水平的地域性差别问题，传统金融学主要从三方面着手进行研究：一是利用优化模型探讨家庭金融资产组合在完全和不完全信息条件下的宏观效应，即家庭的不同金融决策会对金融市场的发展产生影响，然后通过金融市场作用于经济增长；二是利用跨国金融市场的数据比较，验证经济增长与金融发展之间的关系，即不同国家和地区的经济增长水平会对当地金融发展水平产生影响；三是引入正式制度变量，研究国家法律等对投资者保护的差异，以及由此导致的金融市场资源配置效率。我国现阶段金融市场发展中的文化转型呈现出双轨制的特征，并且这个特征也在有关的金融学科研究中得到了印证。例如，皮天

第四章 理念决定行为：国学与行为金融结缘

雷（2010）利用我国省际间的金融数据进行实证分析，最后得出了某一地区的法治水平对该地区的金融发展具有促进作用的结论，但是他同时也指出了法治水平对金融市场发展影响的局限性，认为社会资本对转型期金融市场发展的促进作用更为显著。综合以上论述，似乎地域文化背景下熟人社会文化的偿付机制才是维护民间金融得以健康发展的关键性因素，由此可以得出四个有待验证的假说：一是熟人社会文化与地区金融发展水平正向相关；二是法治水平的提升将对地区金融的发展起到强有力的促进作用；三是非正式制度的约束对处在转型期中国较低水平的法治是一种有效的补充；四是教育能够促进非正式制度约束向正式制度约束转变，从而促进金融市场的发展。

（1）变量与数据。

金融发展指标，指的是金融机构的流动负债和GDP之间的比值，限于数据的可获得性，此处选取某地区所有金融机构的贷款总额除以GDP作为金融发展的衡量指标。研究中各变量相互间关联性不大，各省的文化维度、法治水平、教育水平和金融发展指数呈正向相关的关系。

（2）实证模型与估计结果。

文化传统的影响具有"千年不变性"，故此可以利用各省的截面数据进行分析。针对四个假说，有针对性地构建出四个模型，同时采用最小二乘法对截面数据进行线性回归分析。

第一，构建文化和金融发展关系模型。即：$FDIndex = c + \beta_1 CT + \gamma x + \varepsilon$。结果显示，文化水平模型的检验值为5.89，模型不存在异方差。模型的线性检验平均膨胀因子小于2，表明模型整体上不存在多重共线。由此可见，文化和金融发展模型估计结果具有稳健性，与实际情况相符合。当一个省的文化水平提升一个单位，该省的金融发展水平就将提升0.0122个单位，即基于地域文化背景下的熟人社会文化能够促进地区金融的发展。假说1成立。

第二，构建法治水平和金融发展关系模型。即：FDIndex=c+β2Lawyer+γx+ε。结果显示，法治水平模型的检验值为4.46，模型不存在异方差。模型的线性检验平均膨胀因子小于2，表明模型整体上不存在多重共线。由此可见，法治水平和金融的发展模型估计结果是较为理想的。当一个省的法治水平提高一个单位，该省的金融发展水平就将提升0.097个单位，即法治水平的提升能够有效提升地区金融发展的水平。假说2成立。

第三，构建文化、法治和金融发展的关系模型。即：FDIndex=c+β1CT+β2Lawyer+γx+ε。结果显示，文化、法治模型的检验值为12.74，模型不存在异方差。模型的线性检验平均膨胀因子小于2，表明模型整体上不存在多重共线。由此可见，文化、法治和金融发展关系模型估计结果具有稳健性，符合实际情况，并且模型的调整值R_2为0.5179，解释变量能够很好地解释被解释变量。将模型3的估计结果与模型2的估计结果进行比较，当在解释变量中加入文化变量后，法治水平变量的系数从明显转为不明显，且数值变小，这说明法治水平对金融发展的影响较小，但是文化变量在1%的水平上就显著地对金融发展产生了正向影响。当一个省的文化水平提升一个单位，该省的金融发展水平就将提升0.012个单位，即作为非正式制度约束的传统文化不仅能够促进转型期中国金融业的发展，还能够对低水平效应的法治起到有效替代的作用。假说 3 成立。

第四，构建文化、法治、教育和金融发展关系模型。即：FDIndex= $c+\beta 1CT+\beta 2Lawyer +\beta 3ED+\gamma x+\varepsilon$。结果显示，文化、法治、教育和金融发展模型的检验值为 22.92，模型不存在异方差。模型的线性检验平均膨胀因子小于 2，表明模型整体上不存在多重共线。由此可见，该模型估计结果是较为理想的，并且模型的调整值 R_2 为 0.7615，解释变量能够很好地解释被解释的变量。当一个省的教育水平提升一个单位时，该省的金融发展水平将提高 0.185 个单位，说明教育和金融发展正向相关。除此之外，在模型 4 中加入教育水平变量，影响系数为 0.0097，这说明教育的发展将弱化基于熟人社会网络的金融市场的发展。并且，虽然加入教育变量后法治水平变量依然不高，但是 P 值降低了，这说明教育可以在一定程度上改善法治对金融发展的影响力。总的来讲，在前三个假说成立的基础上，我们是可以认为教育能够促进文化约束向法律约束改变的，也就是经济社会的熟人向契约的转变，最终促进金融市场的发展。假说 4 成立。

（3）结论和启示。

传统文化作为非正式制度约束能够对地区金融业的发展起到促进的作用，法治水平也能够对地区金融业的发展起到一定的影响，但是与传统文化的约束相比，法治的约束对金融发展的影响是有限的。所以说，转型时期的传统文化对地区金融的发展具有明显的正向效应，同时还是转型期较低法治水平的一种极为有效的代替，但是随着社会经济文化转型的不断深化和法治的不断完善，文化、法治和教育将对金融的发展产生合力。这个研究发现为社会经济文化处于转型期的国家改革提供了很好的启示，在旧的社会规则和文化尚未破除、新的社会规则和文化尚未建立的时候，整个社会易陷入信仰缺失的状态，在这一时期如果单纯地提高法治是不可能明显促进金融发展的，因为传统的文化会对法治产生挤出效应。对我国处于转型期的金融改革来讲，只有充分地考虑文化和法治的兼容，同时加强民众的道德思想教育，才能够更好地促进我国金融的健康发展。

二、价值倒逼主体积极延展

我国的金融市场起步较晚，但是发展较为迅速，并且在国民经济中也发挥着越来越重要的作用。首先，金融市场发挥了资源配置的作用，为社会主义经济建设筹集了大量的资金。其次，金融市场支撑了一大批企业依托证券市场做大做强，促进了企业的深化改革。再次，金融市场为我国居民提供了多样化的投资选择。最后，随着金融市场范围的逐步扩大和对外交流合作的加强，也为我国外资引进提供了新的渠道。不过，我们也应当看到，在金融市场快速发展的过程中，也暴露出不少致命的弱点，如上市公司内幕交易、虚假信息等，这就使得投资者的合法权益受到了严重的损害，也对金融市场的健康发展造成了阻碍。无论是内幕交易还是虚假信息等，都暴露出金融市场的不诚信问题，而诚信观念在国学经典中占据了重要的地位，是传统伦理道德的主流价值观念之一。孔子说："人而无信，不知其可也。"认为诚信是做人的基本道德要求。《春秋·穀梁传》中说："言而不信，何以为言？"认为如果不能信守承诺，就不要做出承诺。在践行社会主义价值观的今天，我们如果

第四章 理念决定行为：国学与行为金融结缘

想要推动金融市场的健康发展，就需要引导人们从国学经典中汲取诚信的智慧，让金融市场交易充满文化的积淀和历史的张力。另外，由于投资者个人存在非理性的行为，如跟风炒作、迷信小道消息等，由此导致了投资的失败。如果他们能够从国学经典中汲取到"权变""见微知著"等智慧，就可以根据不同的情况权衡利弊，随机应变，采取灵活变通的措施来进行投资决策，同时不断培养自身的分析力、洞察力和判断力，以近知远，正确地认识和评估公司的价值及价值创造能力，从而获得长期的收益。

1. 价值的定义

经济学中的价值，指的是财富的量。对作为金融行业主体的企业来讲，价值就是其现实获利的能力和潜在获利机会的货币化表现。对上市公司价值的评估，需要区分三个概念。

一是企业的账面价值。会计学中企业的账面价值指的是企业资产总额超过负债总额的部分，一般称为净资产，是企业历史的和静态的资产情况，相关的指标包括每股收益、每股净资产和净资产收益率等。影响因素主要有：（1）投入资本的变动。例如，企业本期增加新的投资者或者是原有投资者追加投资等所有者权益的增加等。（2）企业当期净利润。根据资本保全理论，会计净利润等于期末所有者权益减去期初所有者权益。（3）企业利润分配时间，对资本保值水平产生影响。（4）物价变动水平，对账面资本增值水平具有影响。

二是企业的市场价值。企业的市场价值指的是企业的股东权益价值与企业债务价值之和，对于上市公司而言，企业的市场价值可以用发行在外的普通股数目乘以每股的市场价值计算得出。在金融市场上所采用的市盈率指标，就是市场价值的重要指标之一。对于市场价值对企业真实价值的反映情况，有两种观点：（1）有效市场理论认为，在理想的市场状态下，供需平衡点的价格完美地体现了价值的全部内涵，所以企业的市场价值是企业价值的真实准确的反映；（2）行为金融学认为，股市价格的波动并非总是理性和有效的，市场价值仅仅能够作为企业价值评估的参考而并不能完全反映出其真实的价值。企业市场价值变动的影响因素主要有：（1）投入资本变动，即股本或实收资本的增减变动。（2）当期净利润。在市盈率不发生改变的情况下，当期净利润的增加会导致股价的等比升高。（3）宏观政治经济情况。主要包括利率、汇率等的变动，这些都会影响到股票的价格，进而对企业的市场价值产生影响。（4）投机因素。股票市场具有极大的投机性质，特别是在股票市场不够规范的情况下，股票的价格往往与价值相偏离，而这也一定会引起股票价格的波动和企业市场价值的变动。

三是企业的内在价值。企业的内在价值指的是对企业的效率评价标准，它是企业创造货币能力和潜力的重要评判标准，是企业未来盈利能力的货币化表现。评价企业内在价值的方法主要是折现现金流量估价法（DCFM），该方法最早由美国经济学家威廉姆斯提出，能够表示任何资产的内在价值等于其预期未来的全部现金流量的现值总和。

2. 金融市场

金融市场是经营货币资金借款、外汇买卖、有价证券交易、债券和股票发行、黄金等贵金属买卖的场所的总称，包括直接的金融市场和间接的金融市场两大类。随着金融市场的不断发展，其在我国国民经济中所占的地位也越来越重要。

第四章 理念决定行为：国学与行为金融结缘

作为整个经济系统中的子系统，金融以其高效的价值创造能力促进经济的发展，这个过程是通过金融效率来完成的，不同的金融效率决定了不同程度的金融功能。而金融效率取决于货币形态、金融工具、金融机构和金融市场等相关因素，所以可以说，金融发展的决定因素也是金融功能的制约因素。金融市场的功能主要是：（1）促进资源的有效配置。无论作为主体的企业是上市融资、改革重组还是间接控股，金融市场运作都为企业的发展起到了重要的作用。（2）促进资本的社会化和公众化。自股份制公司出现以后，金融市场就开始了资本社会化和公众化的进程，众多的投资者可以成为公司的股东，这极大地拓宽了公司的融资渠道，在提升社会生产力水平的同时，也使社会结构发生了根本性的变化，越来越多的公众通过投资成为中产阶层，这反过来又促进了金融市场范围的扩大和投资的增加。（3）监督作为市场主体的上市公司。上市公司的投资者是社会大众，所以要求上市公司必须认真履行信息的披露义务，使企业能够时刻处于股东、社会和其他各方的监督影响之下，这对上市公司内部运作机制的完善也是一种有效的促进。

金融市场是货币转化为资本的重要场所，通过这种转化，作为金融市场主体的上市公司资本得到了扩大，生产力水平得到提升，从而创造出了更多的价值。但是，归根究底，金融市场本身是无法创造价值的，它只能够通过实现市场资源的有效配置来辅助实现价值的创造。换言之，衡量金融市场是否创造价值实际上就是衡量金融市场所依托的产业市场是否在创造价值。产业市场是基础，而金融市场则是锦上添花，两者的关系不能本末倒置。除此之外，金融市场的价值和产业市场的价值之间存在的波动关系并不是绝对和统一的，我们投资的立足点应当是产业市场上的价值创造能力，而非金融市场上的盲从。

作为金融市场主体的企业，其终极目的是为股东创造价值，同时确保公司价值实现最大化，而公司真正的价值是指公司未来现金流或是未来创造利润的能力。所以说，投资者要重视作为金融市场主体的企业的净利润而非净资产，要意识到投资购买的是公司未来在产品市场上的表现。作为金融市场主体的上市公司，其利润的获得并不随资产规模的扩大而自然增长，而是要依靠对融资所得的资金进行合理的运用，使生产能力提高、产品市场占有率扩大才可以。如果作为金融市场主体的上市公司不能用融资所得的资金创造出利润，或是创造出的利润远低于资金成本，那么就不可能提升公司的价值。上市公司的价值创造，只有通过产品的经营才能够实现，金融市场只能帮助那些已经在产品市场上取得成功或是将要取得成功的企业提升价值。

3. 价值创造衡量工具

衡量作为金融市场主体的上市公司的价值，最好的方法是使用贴现现金流量法衡量其内在的价值，而非对其账面价值和市场价值进行衡量。使用贴现现金流量法能够推导出剩余收益模型，具体步骤如下。

（1）$P_t=D_t+(BV_t-BV_{t-1})$。其中，P_t 为期间会计利润，D_t 为期间支付给所有者的现金，BV_t 为期间资产的账面价值。

（2）剩余收益是期间会计利润减去期间资本成本，用公式表示为：$S_t=P_t-rBV_{t-1}$。其中，r 代表资本成本率，企业价值就是未来支付现金流的折现。

（3）将（1）（2）代入下式：$V_{t-1}=\sum_{t=1}^{\infty}\dfrac{D_{t-1}}{(1+r)^t}$

可以得到剩余收益模型为：$V_{t-1} = \sum_{t-1}^{\infty} \frac{S_t + (1+r)BV_{t-1} - BV_t}{(1+r)^t}$

该模型将企业的价值、会计账面价值和剩余收益很好地联系起来，这也是经济附加值（EVA）理论的来源。剩余收益模型是企业内部价值发展较为完善的评价指标，但是也存在一定的局限性：（1）利息作为投入资本的机会成本，仅在决策时具有关联性，在事后并不具有关联性；（2）剩余收益计算的基础是公认的会计原则，是理想化的，不符合金融市场实际。这就使得以剩余收益模型评价的企业内部价值与所有者所期望的企业价值最大化的结果不相一致。

面对剩余收益模型可能出现的决策短期化问题，经济学家斯图尔特对模型进行了多达百项调整，使得调整后的剩余收益尽可能接近于经济实际。调整后的剩余收益模型被称为EVA，其实质是对企业价值的增加值的反映。在实际应用中，EVA常常用公式表示为：EVA=税前经营净利润－EVA税收调整－资本成本。EVA的出现，使得长久以来会计利润和经济利润之间的鸿沟得以消除，投资者可以根据上市企业的财务报表推测公司的经济利润。

4. 战略联盟价值创造

价值创造，指的是作为金融市场主体的上市公司生产经营活动和销售业绩的变化所带来的公司价值的改变。在股票市场上，上市公司的价值并非是财务上的固定资产价值，而是公司未来价值的期望。上市公司价值创造，表现为股票市场上投资者对上市公司未来价值期望的变化。基于有效市场假说，股票市场能够对市场信息进行及时有效的反应，并将信息的价值融入上市公司的价值当中。故此，战略联盟价值创造效应

的产生是通过改变股票投资者对上市公司价值预期的过程来实现的，是上市公司采用战略联盟后所带来的公司市场价值的变化。在这里，我们可以将战略联盟价值创造定义为：作为金融市场主体的上市公司为实现自身市场价值的改变，而与其联盟伙伴之间进行的知识、技术和资源等的交换过程。

企业战略联盟形成的原因主要包括以下两点。

一是为提高企业现有资本的回报率。在资源组合异质的假设条件下，企业资源价值将由于不同的组合模式而形成不同的价值增值。在不进行资本注入的前提下，可以通过企业间的互补扩散和聚合收缩价值创造的形式形成战略联盟，以此来提高企业现有资本的回报率。首先，是互补扩散型的价值创造。无论业务范围多广的企业，也不可能涵盖行业内所有的价值活动，如果该企业不与外部资源进行互补和扩散，其所能创造的价值就是有限的，所以一般企业会选择"非零"和"博弈"的方式形成战略联盟，以便实现价值增值的目标。例如，银行和保险公司的战略联盟就是典型的互补扩散型。两者形成联盟后，保险公司可以利用银行的渠道和市场进行业务拓展，银行也可以利用保险公司的新业务提升业内竞争实力，最终的结果就是两者的投资资本回报率均得到了提高。其次，是聚合收缩型的价值创造。有的时候，企业内部一体化并不意味着就具备了竞争优势，例如，企业的经营管理成本往往会随着一体化而上升，并且有很多价值活动之间的规模差异较大，激励机制所创造的价值明显降低，这就需要将关键的资源集中应用在核心价值活动上，而将非核心价值活动通过战略联盟的方式实现虚拟外包，从而使企业的灵活性得到提升，并且在资源和管理上也具有非常重要的战略意义。

二是为降低现有资本成本。首先，企业的某些资源只能串行使用，如原材料及其设备等，而有些资源却能够并行使用，如声誉、技术等。对于仅能够串行使用的资源无法扩大其使用范围，而对于可以并行的资源却可以通过技术许可、加盟等方式最大限度地扩大其使用范围，降低资本成本。其次，企业为了降低原材料等串行成本，获得规模经济优势，可以通过战略联盟实现联合采购、共同生产零部件等，形成一定程度和范围的联盟伙伴关系，不过，这种联盟伙伴关系的企业在产品市场中依然是以竞争者的姿态存在。

由此看来，战略联盟价值创造的基石是"竞合理论"。所谓竞合理论，指的是上市企业与竞争对手、供应商和分销商等利益相关者之间同时存在竞争与合作的关系。在日趋复杂的市场竞争中，单纯的合作或是竞争关系已不复存在，由于市场参与者之间相互依赖，所以使得市场主体间的竞争与合作关系的边界逐渐模糊，甚至是重叠。伯格和纳尔布夫（1996）认为，竞合关系形成的原因是企业在市场开拓过程中需要与其他企业合作，并且在收益分配过程中又需要与合作伙伴进行竞争。陆亚东（2007）认为，企业竞争与合作的倾向是随着市场环境的变化和企业的内在需求变化而动态变化着的。当竞合关系中外部竞争强度较高时，企业及其伙伴更倾向于采用合作的策略；当竞合关系成员面临更大的价值链整合压力时，也更倾向于彼此合作；当竞合关系成员间的竞争重合性增加时（如产品或业务组合高度相似），这个时候更倾向于彼此的竞争。根据竞合关系矩阵组合的不同，可将这种关系分为四类：对抗型——低合作、高竞争；适应型——高合作、高竞争；孤立型——低合作、低竞争；伙伴型——高合作、低竞争。

根据上面的分析，我们可以认为竞争与合作分别代表了市场上企业和竞争对手之间关系的两个面：一是合作创造价值，一是竞争获取价值。这就产生了创造价值和获取价值的不对称问题。在组织层次上，竞合理论是战略联盟的重要理论载体。一方面，联盟合作企业通过资源共享方式创造协同价值，在共同战略目标的指引下，实现了共享收益的最大化。另一方面，联盟合作企业存在竞争关系，在合作范围内竞相获取更大的收益，在合作范围外在不同业务领域保持竞争关系。企业间的这种战略联盟有利于信息共享和促进市场交易的顺利进行，但是由于竞合关系自身具有复杂性和易变性，所以在关系管理方面存在较大的困难，需要既能保证企业的投入和从合作方获得承诺，又能够保护自身的核心技术和资源的安全。

总的来说，战略联盟价值创造效应的实现有赖于两点：一是联盟企业间的协同效应，也就是共享价值的最大化；二是联盟企业间竞合关系的平衡，也就是私有价值的最大化。

5. 股权再融资价值创造

价值创造是扣除所有要素机会成本后的剩余收益，所以股权再融资价值创造的含义就是：作为金融市场主体的上市公司实施股权再融资，由此使得预期未来股权现金流增加，将这个股权现金流的现值减除募集到的资金就是股权再融资所创造的价值。值得一提的是，这个股权现金流不包含控股股东的控股权收益。

对股权再融资价值创造力进行评估，首先需要建立起衡量和评价股权再融资价值创造的指标和方法，即股权融资价值创造模型。在金融理论中，权益资本成本指的是股东投资金融资产时的机会成本，它代表着

第四章　理念决定行为：国学与行为金融结缘

公司通过发行股权取得的资金代价。在我国，由于股票市场还处于不太完善的时期，相关的治理结构等并不十分完善，所以上市公司很少甚至是不发放股利。由股权再融资价值创造的定义可知，虽然我国股票市场存在上述"软约束"的现象，但并不表示我国上市公司权益资本成本的水平较低，这是因为我国上市公司的股利支付对股东真实的机会成本并不能够完全地反映。

新古典主义投资模型假设金融市场是完美的，无论上市公司采用哪种融资方式，都不可能对公司的价值产生影响。新古典主义投资模型的理论基础是 MM 理论。MM 理论的基本假设为：（1）企业的经营风险是可以衡量的；（2）投资者对企业未来收益和取得收益的风险预期是一致的；（3）证券市场是完善的，没有交易成本；（4）投资者可与公司一样获得同等利率借款；（5）负债利率是无风险利率；（6）假设企业的增长率为零，则所有的现金流量都是年金；（7）公司新发行债券对于已有债务的市场价值不产生影响。

新古典主义投资模型假设金融市场的信息存在不对称性，所以上市公司外源融资成本要高于内源融资成本，其中以股权再融资的成本为最高，以至于使上市公司不能够通过发行股票进行再融资。除此之外，由于负债融资成本要高于内源融资成本，所以两者的比例将会对公司的价值产生影响。由于信息不对称性的存在，使得公司实际价值与掌权者的预估价值之间存在差异，也就是说，从股东角度来看公司的掌权者行为可能与公司价值最大化的目标相偏离。

优序融资理论是解释上市公司投资、融资选择行为时应用最广泛的理论。首先，假设公司外部投资者和内部掌权者之间信息不对称，公司股票真正的价值仅仅由代表企业老股东权益的内部掌权者了解。当公司股票价值被低估时，会引起财富由老股东向新股东的转移，老股东由此承担了成本；当价值的低估达到一定程度时，成本可能会超过收益，于是内部掌权者可能会站在老股东立场上放弃该项目或者是选择其他的融资方式。当公司股票价值被高估时，会引起财富从新股东向老股东的转移，当高估达到一定程度时，内部掌权者会选择发行股票融资，而这种行为也给了企业外部投资者一种股价被高估的信号，从而导致股价的下跌，外部股权融资成本也随之而增加。外部融资成本的增加，会引起更多股票高估程度较低的上市公司放弃发行股票融资，股权再融资的规模就随之而减小了。由此可见，在优序融资理论假设条件下，股权再融资价值创造是不可能的，这是由该理论的假设过于极端所造成的，在实践中，存在多种影响因素，如公司债务错误定价、财务困境成本等，所以如果放松优序融资理论的假定条件，那么即便是股票价值被低估，内部资金不足以满足要求并且边际成本超出了边际收益的公司仍然可以选择股权再融资。其次，股权再融资价值创造函数与现有评价指标间的相似之处为：同股票超额收益率、EVA 等现有评估指标相同，借助于股票再融资价值创造函数不仅能够考察资金获得效率，还可以考察资金使用效率；与股票超额收益率、EVA 等现有评估指标相同，借助于股票再融资价值创造函数不仅能够考察我国股票市场上企业的再融资创造价值，还能够考察其他国家和地区股票市场上企业的再融资创造价值。最后，股权再融资价值创造函数与现有评价指标间的不同之处为：股权再融资价值创造函数是基于股权再融资价值创造定义的，是一种更为直接的考评指标；股权再融资价值创造函数是股权再融资价值创造关于其影响因素的函数关系式。

总的说来，股权再融资价值创造函数中所包含的变量及其相关联的变量，是股权再融资价值创造的影响因素，并且它们也是直接的影响因素。股权再融资价值创造函数也为考察多个因素对股权再融资价值创造的综合影响提供了一个解决路径。

6.企业并购价值创造

企业并购指的是上市企业通过购买目标企业的股权或是资产，对目标企业实现控制和影响，从而使自身的市场竞争力得到提升，最终实现企业的价值增值。目前，企业并购已经成为上市企业外部扩张最主要的途径之一。

（1）企业并购的价值构成。

企业并购的价值根源于企业并购价值创造的效果，不仅包括所要并购的企业的资产和盈利能力所蕴含的价值与净资产价值间的差额，还包括并购后的企业协同效应所产生的价值。根据最终的财务报表来看，并购价值创造就是企业并购后增加的净现金流量的现值。对于并购企业而言，并购价值创造分析可以从企业净资产价值出发，通过对目标企业内在价值、并购协同效应产生的价值来确定并购的价值创造。对于目标企业而言，并购价值创造分析可以从交易价格和净资产价值的差额来确定并购的价值创造。故此，企业并购价值构成为目标企业价值增值和附加价值增值。目标企业并购过程中的价值表现包括净资产价值、内在价值和并购所产生的协同效应价值等。

首先是净资产价值。企业在投入资本进行生产经营活动后，盈利的增加使企业的资本不断地得到积累，这些积累起来的资本是企业通过长期经营活动所形成的，是过去经营业绩的表现，所以企业的净资产价值就是原始资本投入经营积累的结果，是企业目前的现实价值。从资本积累的总额来讲，它是账面所有者权益的价值，是目标企业实际账面的价值。净资产价值也是目标企业并购价格的基础，不过实际的并购价格并不与之相等。目标企业的并购价格应该与企业目前和以后的盈利水平、内在价值、增长期权价值和并购协同效应价值增值相关联。从国内外并购的案例来看，企业并购价格往往要高出其净资产价值很多。所以我们可以说，并购价格实际上是并购所创造的价值在并购双方的分配，结果取决于并购双方的议价能力。

其次是目标企业内在价值。并购企业在实施并购行为过程中，对被低估了价值的目标企业较为青睐。目标企业的内在价值取决于企业未来的盈利和增长水平，这个可以用目标企业未来实现的现金流量的现值来衡量。目标企业的内在价值通过并购得以实现，且其与净资产价值的差额最终将会成为并购价值创造的重要部分。

再次是目标企业的增长期权价值。如果目标企业在并购发生时其收益呈现出逐渐增长的趋势，那么就说明其具有看涨期权的价值，能够为并购企业带来未来的收益，也就是说，目标企业具有增长期权的价值。不过，目标企业的这种价值具有明显的不确定性，在企业并购后的发展过程中，企业内部生产经营环境的变化、生产条件的发挥程度和经营者的能力等，都会对其增长期权价值产生影响。如果并购后企业内外部环境的变化是不利于企业发展的，那么并购企业就可以通过收缩经营范围或者是转让部分资产来放弃对目标企业资产的选择权。

最后是目标企业的协同效应。并购双方通过资源共享、知识转移等提升并购后企业的综合价值。通过并购，可以对目标企业内外部环境资源实现有效的整合，充分地实现包括管理、财务和经营在内的协同效应，这对于增加企业的核心市场竞争力及提升企业的价值具有重要的作用。

（2）企业并购的价值创造评估。

企业并购的价值创造指的是并购后的目标企业内在价值相对于净资产价值的增值。企业并购实现的价值创造总额可用公式表示为：$\triangle V=\triangle VI+\triangle VA=(VI-VN)+(\triangle V_g+\triangle VS)$。

其中：$\triangle VI$表示自身价值创造；VI表示目标企业的内在价值；VN表示目标企业的净资产价值；$\triangle VA$表示附加价值创造，由增长期权价值与协同效应价值构成；$\triangle V_g$表示增长期权价值；$\triangle VS$表示协同效应价值。自身价值创造是对目标企业未来价值增值进行的预估。现代财务理论认为，任何资产的价值都取决于未来而非现在，是企业未来实现的现金流量的现值总和。企业并购的目标就是实现这个价值的增值。并购一般是预期目标企业未来将按照一定的比例实现利润的增长，是一种被并购企业看好的实物期权。并购协同效应价值是目标企业并购前后与并购企业内在价值合计的差额。

（3）企业并购的价值创造分析。

企业并购的价值创造多少与收益水平和增长情况相关联，并由此决定了现金流量及其增长的水平。企业并购自身价值创造和增长期权价值模型表明，目标企业资源在有效整合利用后，在现有资源配置条件下，因使用效率和效益水平的增长趋势而形成了价值的增值。企业的资源一般包括金融资产、品牌和企业文化等，它们协调发展，最终形成了企业的核心竞争力。并购企业可以选择和执行成本领先、产品差异化等市场竞争策略，获得市场竞争优势，从而使企业的价值实现增值。首先，企业并购之后，其潜在价值得到了激发，在现下净资产价值确定的情况下，企业并购所带来的价值创造源自现金流量及其增长所形成的内在价值。其中，现金流量指的是股权自由现金流量。所以，企业在进行并购决策时，需要对目标企业内部的资源进行分析，了解其资源的使用效率和所能够产生的效益，对其核心竞争力进行评估，明确目标企业未来的收益水平和发展趋势，对价值增值的来源进行了解，最终确定并购的价值创造程度。其次，企业并购主要是通过对目标企业内外部资源的整合，使协同效应得到充分的发挥，最大限度地提升企业的市场竞争优势与核心竞争力，最终目标是实现企业价值的提升。通过现金流量折现模型，不难发现并购协同的价值取决于并购所带来的增量的现金流量，而增量的现金流量取决于并购的协同效应。所以在并购完成后，一方面，并购企业需要对目标企业和并购后企业的资源要素进行分析，了解资源要素整合后可能会带来的变化以及应对措施，应当从管理效率、财务效率和规模经济等方面对资源进行最优化配置，以便提升企业的核心竞争力；另一方面，并购企业还需要对内外部环境进行有效的协调，选择最佳的市场竞争战略，实现并购的价值创造。基于企业收益发展水平的增长期权价值创造的分析，需要依据企业的发展趋势分析，既包括现有资源所决定的核心竞争力增长，也包括并购后企业资源整合所带来的核心竞争力增长。

三、管理促使价值效益实现

要想实现价值效益,就需要金融企业进行有效的管理。企业管理成效的提升,与国学经典智慧中的和谐思想密不可分。作为现代金融企业,如何将国学经典智慧中的和谐思想和现代管理知识结合起来,以便更好地提升管理成效,是值得深入探讨的重要问题。从管理的角度上来说,"和"就是矛盾得到调和并趋向统一。现下的金融企业是由一群人组成的团队,要想使企业健康和谐地发展,就需要协调好企业内外人与人之间的关系、组织和组织之间的关系。所以说,企业管理最高的境界就是通过各种关系的协调达到和谐的状态。企业价值管理的目标是效益的最大化,国学经典和谐思想中的"知己知人""以人为本""天人合一"等对实现这个目标起着重要的作用。企业管理者只有严于律己,知人善任,才能够用人格魅力号召员工,上下团结一致,实现企业的发展。为了实现价值效益的提升,金融企业还可以寻求与其他相关企业的协作竞争,实现资源上的优势互补、利益上的共享,这也是和谐思想的价值表现。

1. 价值效益实现的内涵

金融市场上,公司股权价值效益的实现,主要是指公司加强对内部人员和外部利益相关者间的互动交流,以此来提升公司股票真正的价值和市场股价的关联性,减少内外部股票预期市值的差异,使公司能够在当下和未来在金融市场上获得价值效益的实现。由此可见,公司价值效益的实现就是公司创造的价值得到金融市场认可的状态,对资本市场上的公司来讲，最终的表现就是公司的市值合理。上市公司价值效益实现最为关键的是要解决融资、投资、经营和分配的问题，所以说，公司价值效益的实现主要体现在筹资管理、投资管理、营运资金管理以及利润管理四个方面。由此我们可以将价值效益实现分为产品价值实现和股权价值实现两个层面。产品价值实现层面，可以根据公司生产产品的不同形态，划分为物质产品和非物质产品。公司股权价值实现层面，与公司的市值管理关系密切，一般说来，投资者关系管理和公司价值效益实现呈现正相关关系，也就是说，对投资者关系进行管理能够实现公司价值效益的最大化。

2. 价值管理理论

价值管理理论是20世纪60年代以来出现的一种新型的企业管理理念和方式，它要求公司在生产经营过程中的所有活动都以股东价值最大化为基本目标。为了使公司的价值效益实现最大化，在价值管理过程中，公司管理层需要对各层面价值要素进行深入挖掘，使整个公司的资本成本降低、公司未来经营的现金流量增加，并且要注重对公司可持续盈利能力的培养，确保实现股东价值效益的最大化。

价值管理理论的发展主要经历了三个阶段：一是20世纪80年代中期的数字并购阶段；二是20世纪90年代初期的战略规划阶段；三是现下的一体化阶段。在第一阶段，上市公司对价值效益的管理主要侧重于对公司财务的管理，试图利用价值评估方法的应用，对市场前景好的公司实现并购。在第二阶段，上市公司关注的不仅仅是公司的财务要素，而是将关注范围扩大到内部的运用状况，将财务活动与公司的战略规划相关联。在第三阶段，价值管理的内容范围更广，几乎涵盖了公司战略规划、公司治理结构、并购重组、绩效管理等诸多内容,这对于公司整体价值效益实现能力而言是极为有利的。

3. 股票市场价格理论

(1)随机游走理论。

该理论认为,在有效的金融市场上,所有的买卖信息都已经在股票的市场价格中体现出来了。只有随机事件的发生,才能够造成股票价格的波动,而随机事件对股票价格的影响是未知的,所以股价变动理论上是可预测部分和不可预测部分的总和。但是由于股票价格包含了不可预测的随机因素,所以任何有关股票价格的预测行为都是不可行的。这一理论能够解释股票市场上价格随机波动的问题。

(2)均值回归理论。

该理论认为,长远来看,公司的股票价格无论高低都会以较高的概率向均值回归,也就是说,公司股票的价格总是围绕着其价值上下波动,所以,公司的股价从长远来说是能够在一定范围内进行预测的。该理论认为,公司的股票均值回归存在三个显著的特性,即必然性、周期不确定性和不对称性。必然性,指的是公司股票价格不论是上涨还是跌落,长期来看,股价回归均值是必然的趋势;周期不确定性,指的是在同一个金融市场中不同股票的回归周期是不相同的,同一类型的股票在不同金融市场上的回归周期也不相同;不对称性,指的是股价在回归的过程中,正负向回归在速度上存在差异。

4. 价值效益实现的内容、路径与方法

(1)价值效益实现的基本内容。

上市公司对市值管理的最终结果,就是公司价值效益的实现,这也

是公司市值管理所追求的目标。在金融市场上，公司价值效益的实现涵盖两方面的内容：一是就表面来讲，公司价值效益的实现是公司内在价值得到金融市场认可的结果，主要表现是市值围绕价值在合理范围内上下波动，呈现出稳中有升的发展趋势。二是就实质来讲，上市公司价值效益的实现是基于价值创造的，是在价值信号有效传递的前提下，对公司价值和市场价值进行匹配的过程。那么，公司的内在价值和市值呈现出什么样的状态，方可称为两者实现了较好的匹配呢？市值管理理论引入"价值关联度"指标来进行价值匹配程度的考核，就是将上市公司近年来价值效益实现的具体表现和价值创造的具体表现进行线性回归，从中得出两者的关系程度。不过，由于我国上市公司股票发行时间较短，样本容量较小，这就导致了可信度较低的问题的出现，所以在实践中往往是利用价值效益实现表现和价值创造表现这两者在当年评价的全部公司中的分值排序上的差别，对两者之间的关系进行衡量。但是，这种评价方法很显然也是无法得出上市公司内在价值与市值之间具体关系的，存在一定的偏差。至于公司价值的匹配与否，主要取决于公司内部真实价值和市值表现的偏差度，随着偏差的逐渐加大，匹配的效果也随之减弱。

我们可以用市场价值（P）和内部真实价值（V）的比值（P/V）来度量公司价值的这种匹配性。从理论上来讲，如果 P/V=1，那么就说明上市公司的市值与公司内部真实价值相符合；如果 P/V＜1，那么说明上市公司的市值比实际的价值要低，也就是市值被低估了；如果 P/V＞1，那么说明上市公司的市值比实际的价值要高，也就是市值被高估了。一般来讲，在真实的金融市场环境下，P/V=1 的情况较为少见，换句话来说，就是公司的内在价值与市值总是处于偏离状态。所以，我们可以从理论上对 P/V 的值进行细化分析。当 P/V 的值小于可容忍价值洼地的临界值时，说明公司需要采用相关的手段对价值进行匹配；当 P/V 的值在正常价值洼地的临界值时，说明公司不采取手段也没有关系；当 P/V 的值大于可容忍价值洼地的临界值时，说明公司存在严重的价值泡沫，必须采取相关的手段进行价值匹配。

（2）价值效益实现的路径。

价值效益实现的路径可分为直接路径和间接路径两类。

价值效益实现的直接路径也称为"财务路径"。目前，人们对公司价值的衡量模式主要是：一是对公司未来现金流量进行贴现，以此衡量公司的价值。在这种模式下，公司未来的现金流量越大，风险就越小，公司所实现的价值效益就越多。二是利用"经济增加值"对公司价值进行衡量，将公司的价值与税后净营业利润、资本成本相关联。这两种衡量公司价值的方法虽然不同，但究其本质，价值效益实现离不开公司的筹资管理、投资管理与经营管理。所以，对于公司价值效益实现的直接路径，我们可以进行以下的细化。

首先，加强筹资管理。公司要想健康稳定地发展，充足的流动资金是基础。筹资管理的目标是在使公司获得充足的发展资金的基础上，使资金的利用率得到有效的提升。筹资管理的具体方法包括两种：一是对公司的资本结构实现优化处理。资本结构指的是公司各种长期资金的构成和比例关系，形式上表现为公司负债和所有者权益的比值。资本结构的优化就是通过对公司资本结构进行调整，使之更趋向于合理化。具体来说，就是对公司现有资本结构下的资金成本和预期改变的资本结构下

的资金成本进行比较，从中选择资本成本最小的资本结构的过程。二是尽量降低公司的负债成本和股权成本，从而使加权平均资金成本率降低。

其次，加强投资管理。公司要想生存和发展下去，就需要进行投资活动，这也是公司价值的最重要的决定因素。无论一家公司投资的是项目工程还是股票证券，无论是固定资产投资还是营运资金投资，投资活动一旦完成，就意味着公司的资产发生了变化。对公司进行投资管理，就是要通过对不同投资项目的风险分析，制订出投资的方案，并且对不同的方案进行优化设计，从中选择最优化的、能够使价值效益最大化的投资方案的过程。投资管理的目的是帮助公司最大限度地实现资本回报率。具体来说，如果一个投资项目的资本回报率高于资本成本率，那么这个项目就是能够创造价值效益的；如果一个投资项目的资本回报率低于资本成本率，那么这个项目就是不能够创造价值效益的，是要给公司价值带来损害的。所以说，在市场竞争的环境中，公司价值效益实现的路径就是在合理控制公司投资风险的前提下，尽可能提高投资的资本回报率。

最后，加强经营管理。企业经营管理的目的是最大程度地提高公司的现金净流量并保持其持续性。具体的方法主要有两个：一是通过提高公司的收益水平来增加整体的收入，比如扩大产品的销量、提高经营利润率等；二是通过调整公司整体成本的耗用水平，比如降低采购成本费用、提高员工劳动生产率等。随着市场经济水平的不断提升，企业经营管理不仅要在成本费用方面着力，还要从公司的整体出发，多角度地提升公司的价值效益水平。

第四章　理念决定行为：国学与行为金融结缘

价值效益实现的间接路径也称为"战略路径"，采用这一路径并不能够直接表现出内在价值的增值，更多的时候它是作为辅助手段来帮助公司清除发展过程中潜在的壁障，以实现最终的价值效益。一般来讲，价值效益实现的间接路径主要有四条。

一是公司系列决策或是行动的设计。从价值效益实现角度来说，公司战略是以价值效益实现为导向的，在这个基础上，再决定业务展开和使用的策略。公司战略的正确与否，直接决定公司价值的多少。现代上市公司的经营目标是追求股东利益的最大化，对于这个目标的实现，离不开公司战略的设计。公司战略设计对价值效益实现的影响主要包括两点：一是对行业内的要素和行业发展潜力进行分析，发展潜力越大，则公司价值效益实现的能力就越强，该项分析旨在帮助公司选定经营的范围领域。二是在选定经营的领域范围后，公司需要制定行业内的市场竞争策略。为了获取更大的竞争优势，要对同一产业的公司获利能力进行比较分析。

二是完善公司治理结构。在法律保障的基础上，公司处理一系列与经营权和所有权相关的问题，具体表现为公司的章程、政策等。目前，有关公司治理结构的理解有广义和狭义之分。广义的公司治理指的是在公司制度制定所涉及的利益主体上，不单包括公司的所有者和管理层，还包括其他与公司存在利益关联的所有的相关人员，如客户、供货商、债权人、雇员、潜在投资者等。公司治理的重点在于有效分配公司控制权以及高层激励制度和约束制度的规划和执行。狭义的公司治理指的是公司所有者对公司管理层之间指定的监督和权力平衡的体制，即通过公司制度明确两者间的权责关系，在保障公司正常运营的同时，防止管理层出于自身利益而发生侵害所有者权力的行为。

三是优化价值链。金融市场上的任何一家上市公司，其价值实现活动都离不开公司对所生产产品的设计、入库和销售等环节。以上这些环节可以用完整的价值链条来表示，这也是公司价值效益实现的过程。公司价值链可分为内部价值链和外部价值链两类。内部价值链又称为内部各战略单元价值链，主要包括产品的研究开发、材料采购、加工生产、仓库存储、市场销售以及售后支持服务等。外部价值链又称作公司外部价值链，是内部价值链的向外延展，主要包括竞争对手价值链、购买者价值链和供应者价值链等。在公司价值链的各环节中，并非每个环节都会增加现金净流量，只有关键性的环节才能够实现公司价值效益的实现。所以说，如果公司想要获得市场竞争中的优势，就需要对价值链进行优化，以减少价值链条上那些对价值效益实现并无益处的节点。从管理的角度来说，价值链的优化需要对公司内外部的业务活动进行优化协调，以避免公司价值在诸多无效环节中的损耗。

四是提高核心竞争力。核心竞争力是公司在激烈的市场竞争中得以保持领先地位的特殊能力，是公司各种竞争优势的复合体，包括物质、技术、人力、知识等要素，可进一步细化为多种二级、三级的核心竞争力。具体来讲，市场核心竞争力包括市场占有率、客户关系管理、知识管理能力、创新能力等。以实现公司持续经营为前提的公司整体价值增值的驱动力就是核心竞争力，换句话来说，核心竞争力是保证企业价值效益实现的不竭动力。

（3）价值效益实现的方法。

上市公司价值效益的实现重在利用相关的手段，使外界对公司价值的认识不至于太过于偏离,其中公司市场价值提升的前提和保证是公司的内在价值,如果没有内在价值的支撑,就不可能有公司市值的提升,即便是短时期市值虚高,也不会长久。根据价值效益实现是否以价值创造为基础,可以将价值效益实现的路径分为正常方法和非正常方法两类。

价值效益实现的正常方法主要包括以下四种。

一是公开上市。首次公开募集股份和借壳上市,是我国非上市公司实现公开上市的两种方式。首次公开募集股份上市,指的是非上市公司第一次将自身的股份向社会公众进行发售的行为,这是公司通常会采用的一种上市的途径。借壳上市,指的是非上市公司通过对已上市公司的收购实现上市的过程,有狭义和广义之分。狭义的借壳上市,指的是母公司借用已上市的子公司之外壳实现上市;广义的借壳上市不仅涵盖了狭义的范畴,还涵盖了通常我们所说的买壳上市。无论是首次公开募集股份上市还是借壳上市,它们都是公开上市实现价值效益的方法,因为金融市场究其本质而言就是信息市场,信息量是决定公司股价和市场价值的最主要因素。就公司内部来讲,公开上市使公司内部信息得到了释放的渠道,有利于金融市场上的投资者了解和预测公司的经营业绩和未来的发展趋势;就公司外部来讲,公开上市也使金融市场价格机制在公司运行管理上得到了体现,为公司内在价值的有效定价提供了依据。

二是高质量的信息披露。证券市场健康发展的基础是信息的有效披露。信息披露就是公司按照相关的要求,在规定的时间内向外界公开自身的基本情况、内部控制情况、经营情况,以及公司的一些重大信息等,以便使公司的外部利益相关者能够及时了解到公司的信息并对公司进行有效的监督。信息披露对上市公司价值效益实现的影响，主要体现在两个方面：一是金融市场信息不对称问题，使得公司内部出现道德风险和逆向选择等问题、公司外部出现羊群效应等问题，这就需要公司及时对外进行内部信息的披露，以便使信息需求者能够获取到有价值的信息，从而对公司的内在价值形成正确的判断。二是信息披露质量的高低，对外部利益相关者对于上市公司价值判断的偏差程度具有重要的影响。一般来讲，上市公司对外披露的信息质量越高，则公司内在价值和市值的偏离度就越低；对外披露的信息质量越低，则公司内在价值和市值的偏离度就越高。

三是投资者关系的管理。相比于高质量的信息披露，投资者关系管理是一种更为理想的方式。投资者关系管理不局限于对公司信息的强制性披露，而是强调公司的主动信息披露，主动与外部建立良好的互动关系，最终实现外界对公司内在价值的认可和接受。现下，上市公司投资者关系管理的主要内容包括公司发展战略的披露、公司经营管理信息和文化建设等的对外披露等。由此看来，投资者关系管理属于上市公司主动寻求价值匹配的过程。

四是正常的资本运作。上市公司在遵循市场规律的前提下，通过资本的有效运作，使公司的价值得到提升，可以说，资本运作是公司价值提升的一种重要的管理方式。从广义上来说，资本运作是上市公司通过对可用资源的有效配置，实现公司利润最大化的行为；从狭义上来说，资本运作是公司存量上的运作，采用的一般方式是回购协议、债券转股权、抵押贷款等，也包括借壳上市、兼并重组等。作为价值匹配的一种重要手段，资本运作本身并不具备褒贬含义，但是根据行为主体的动机

第四章 理念决定行为：国学与行为金融结缘

不同，我们可以将资本运作分为正常资本运作和非正常资本运作。正常资本运作主要是以公司内在价值为基础，通过资本运作手段的有效应用，向金融市场传递价值信息，并以此提高公司内在价值与市场价值的匹配程度。这个资本运作的过程与公司长期价值增值的目标相一致。非正常资本运作倾向于对公司股价的管理，有时候会侵害外部利益相关者的权益。

价值效益实现的非正常方法主要包括以下三种。

一是单纯进行上市地的转移。资本市场是金融市场的重要组成部分，其功能的体现主要在资金流通、资源配置和产权优化方面，其效用的发挥也离不开资本市场对信息的反映程度。一般来讲，资本市场对信息反映得越充分，其功能发挥的效果就越大。但由于国家和地区的差异，资本市场的运行效率也会存在很大的差别。资本市场越有效，公司内在价值与市场价值之间偏离的程度就越低。所以，公司想要提高价值的匹配程度，要么可以选择在上市地不发生转移的情况下提升资本市场的有效性，要么可以选择将公司从有效性较弱的资本市场转向有效性较强的资本市场。反之，如果将公司由有效性较强的资本市场转向有效性较弱的资本市场，就会使公司的内在价值得到高估，从而违背了资本市场价值匹配的内在要求，是一种逐利的不正当竞争行为。

二是进行概念的炒作。所谓概念的炒作，指的是公司向资本市场释放信息的一种形式，该信息不是以公司内部真实的信息为基础的，而是公司对股市概念的一种刻意的迎合。作为资本市场特有的一种现象，股市概念主要表现为已知相关的股票群体在一定时期内对公司股价涨停的影响，这就给公司进行概念炒作提供了机会。现下资本市场炒作的概念主要包括互联网、网络手游、高科技等，采取的主要方法是跨界并购、结合新概念改变公司名称，等等。例如，某些上市公司故意在名称中加入"科技""高新""娱乐"等概念文字，用以标榜自身的特点。从形式上来讲，虽然跨界并购、更改名称等行为看起来拓宽了公司原有的业务范围，但实际上这些上市公司是通过这种手段给投资者以想象的空间，是一种公司价值上升的虚假现象，等热点话题的热度消退后，公司的股价还会回落，最终对公司市值的稳定与发展产生不利的影响。

三是非正常资本运作。主要是指上市公司通过操作资本的手段实现公司短期价值提升的行为。现下的资本市场上非正常资本运作手段较多，也较为复杂。这种非正常的资本运作主要是作为公司向资本市场传递信息的一种方式，通过信息的传递，实现对投资者评估公司价值的一种影响，一般都是引导投资者对公司价值的高估。由于这种高估价值的存在，使得资本市场上一些业绩较差的公司为了满足自身利益，通过资本运作的手段来提升股价。由于这种资本运作方式没有注重内在价值的重要作用，其股价的提升也仅仅是短期的，之后还会回落。所以，非正常资本运作实际上是对价值效益实现的一种背离。

5. 上市公司价值效益实现的策略

（1）制定正确的发展战略，不断强化内部治理。

第一，制定正确的发展战略。发展战略是确保公司整体价值创造能力不断提升的基础，上市公司只有制定出正确的发展战略，才能使后续的价值效益得到实现。首先，上市公司应当对所处行业的内外部情况进行深入的市场调研和分析，以便形成对整个行业发展潜力的有效评估。其次，上市公司需要在对行业发展进行有效评估的基础上，确定出具体的市场竞争策略，以便获取较长的盈利期。如果公司在整个行业市场中具有较大的发展潜力，就需要对其内部各经营要素进行强化，如采用成本领先策略等，确保自身在行业竞争中的优势地位，使投资者获得更多的利益。如果公司在整个行业市场中处于发展潜力较小的地位，就需要结合内部各经营要素对业务方向进行战略调整，如采用多元化的经营战略等，实现经营风险的分散。

第二，不断强化内部治理。首先，上市公司要在考虑到自身的规模和控股权利等的基础上，积极引入外部投资者，对股权结构进行系统性优化，避免股权过于集中而导致的大股东权益侵占问题。其次，对公司的整个治理结构进行完善，如在董事会成员结构上引入独立的监事部门，以确保董事会和监事会职能的有效发挥。同时，要对公司的经营者进行监督和约束，以降低经营者道德风险的发生。最后，对公司整体的内部控制进行优化，对生产经营过程中的权责问题进行明确，对经营风险做到有效的把控。

（2）培育核心竞争力，不断提升公司内在价值。

上市公司的核心竞争力是其提升内在价值的基础。要想培育公司的核心竞争力，首先需要进行必要的技术革新，要对现有技术和内部资源要素情况进行理性的分析，识别哪些要素需要革新，革新需要哪些资源，等等。其次，在分析识别的基础上，对技术革新的具体方式方法进行选择。最后，加强企业的文化建设，充分意识到公司诚信文化氛围的形成对公司内部价值提升的重要意义，积极通过文化主题活动的开展，向员工传递文化创造价值效益的观念。

（3）加强投资者管理，不断优化公司价值链。

第一，加强投资者关系管理。投资者管理是上市公司加强与投资者之间信息沟通的最简单、最有效的方式之一。但是，如果公司对投资者关系管理不当，就有可能适得其反。所以，公司在加强投资者管理上需要注重主动性的发挥。首先，应当及时更新和维护公司的相关信息，利用互联网络平台，实现与投资者之间信息沟通交流的实时性。其次，公司要摒弃以短期利益为主导的投资者关系管理动机，要始终如一地进行长期性投资者价值管理活动，这样更有利于公司长期价值效益的实现。

第二，不断优化公司价值链。价值链是上市公司价值创造活动的流程与环节的总和。对公司价值链进行优化，就是对相关的价值创造活动环节进行调整。首先，公司要对自己的价值创造活动进行有效的识别，并根据识别的情况部署公司下一步的发展战略。其次，在价值活动识别的基础上，对公司原始的价值链条进行拆分和整合，保留或补充可以增值的环节，剔除或精简不可增值的环节，从而使公司整体的价值效益得以提升。

（4）加强财务管理，提高公司经营能力。

上市公司最终的价值效益实现由财务管理直接决定。加强公司的财务管理，具体来说，可以从筹资管理、投资管理和经营管理三方面入手。首先，在筹资管理方面，公司要结合自身的规模和发展所处阶段合理地选择资金来源和融资数量，制订出合理的、符合实际情况的发展规划，同时还需要对公司的资产负债比率进行调整，以优化公司的资本结构，降低公司的资本成本率。其次，在投资管理方面，公司要重视投资之前的调研分析，多角度检验投资的实际可行性，量力而行，对不熟悉的行业慎重投资，要注重对投资风险的把控。最后，在经营管理方面，公司要不断地采取各种有效的策略，在确保产品质量的前提下，对产品的利润率进行提高，以此来实现公司经营净现金流的最大化，并确保公司的价值效益得到提升。

四、政策主导金融行情风向

当下金融市场存在诸多问题，如资本市场融资结构不完善、实体经济支持不够、隐形债务化解问题、金融服务环节薄弱等，这些问题的有效解决，无不依托于政策的引导和支持。金融市场政策的制定和完善，与国学经典智慧中的创新思想关系密切。《大学》中说："苟日新，日日新，又日新。"即体现出国学智慧中的创新基因。《诗经》中说："周虽旧邦，其命维新。是故君子无所不用其极。"也体现出国学智慧中的创新特质。《道德经》中说："道生一，一生二，二生三，三生万物。"认为宇宙万物无时无刻都在发生着变化，这也是创新思想的基础。创新思想蕴藏在国学经典中，在当下金融政策支持企业发展中出现的问题亟待解决的情况下，如果能够深入挖掘和充分运用国学经典中的创新智慧，解放思想，就会很好地实现金融制度的改革及其对市场经济的引导功能，让金融企业在政策的引领下实现健康稳定的发展。

1. 我国金融政策发展概述

经济改革的重点是金融改革，所以构建稳定发展的现代金融体系是社会经济健康发展的基础。改革开放以前，我国施行的是高度集中的社会主义经济体制，金融领域主要是采用银行模式，组织机构较为单一，且主要是以计划为导向，这使得整个金融体系缺乏灵活性和创造性。

改革开放以后，我国金融发展经历了两个阶段：第一阶段（1978—1993年），采取的主要政策是"国家调节市场，市场引导企业"，初步明确了金融体制改革的政策方向，金融市场化机制得到了有效的扩展；第二阶段（1993年至今），是现代金融体系形成完善阶段，采取的主要政策是两个"决定"：《中共中央关于建立社会主义市场经济体制若干问题的决定》和《关于金融体制改革的决定》，为金融改革创新定下了基调。这一阶段的金融改革内容包括：（1）金融业的治理整顿，即将实行多年的官方汇率改为浮动汇率制度，成立农业发展银行等三家政策性银行，推动商业银行的建立，颁布实施《中华人民共和国中国人民银行法》《中华人民共和国商业银行法》《中华人民共和国票据法》等一系列政策法规，成立证监会、保监会等组织以及实行分业监管机制等。（2）金融体系整体改革，即对国有金融机构进行市场化改革、加快金融业对外开放、推进农村金融体系改革，等等。

2012年之前，虽然在国家有关政策的扶持下金融业改革取得了较大的成效，但金融体系自身和改革中依然存在不少问题：一是国家相关政策的制定更重视价值导向，对于公平和效率的处理则并不理想，整个金融政策体系并不系统全面；二是已经建立起来的金融体系存在较大的功能性缺失，使得国内金融市场应对全球资源配置和风险分散的能力较低；三是金融政策传导机制不够顺畅，使得利率调控效力较低，上市企业的风险意识较弱；四是金融机构混业经营与分业监管模式匹配度较低，使得金融业的长远健康发展受到阻滞。

2012年以后，随着我国政府对金融理论体系和市场监管体系的深

第四章　理念决定行为：国学与行为金融结缘

入系统探索，对中国经济发展做出了正确的判断，将"创新、协调、绿色、开放、共享"的发展理念和供给测结构性改革，引入金融政策改革创新当中，不仅进一步完善了金融市场体系、健全了金融企业制度，还确保了金融市场的稳定运行。现下，金融部门认真贯彻落实稳健的货币政策，运行总体健康平稳，各项存贷款保持较快增长，金融服务不断优化，金融对经济的保障力度进一步加大。金融运行呈现以下特点：存款保持较快增长，震荡加剧，稳定性减弱；贷款增长趋向稳健，信贷投放总体合理；金融机构各项贷款增速在经历冲高后开始向常态回归，增速趋于平稳，贷款投向更加合理，信贷结构趋于优化，资金流向实体产业较多，为促进我国经济稳定增长、增强企业抗风险能力发挥了重要作用；金融扶弱力度不断加大，民生金融明显改善；金融部门认真落实促进中小企业发展的金融政策，通过与政府共同举办"政银企"合作洽谈会等，加强银企对接，进一步改善对中小企业的金融服务；非传统信贷业务发展迅速，融资渠道不断拓宽；金融产品运用日益丰富，金融创新进一步推进。

　　总的来说，创新是推动金融改革深化与发展的重要抓手，是提高实体经济资源配置效率的有力杠杆。我国银行业历经多年发展取得了瞩目成就，一个重要原因就是始终坚持金融创新，并在创新中规范和发展。站在新的历史起点上，全面建成小康社会的宏伟蓝图对金融支持实体经济、服务社会民生提出了更高要求，实现这一目标要将金融创新摆在更加突出的位置，坚持服务实体经济、转变发展方式、市场规律、风险控制四个导向。我国金融改革创新的成功，与国家对金融工作的集中统一领导、始终强调"服务实体经济、防控金融风险、深化金融改革"，以及对金融风险的政策防控是分不开的。

2. 创新经济政策，主导金融市场发展

首先，作为经济发展的重要推动力，金融资本被视为当代经济社会结构变迁中最重要的资本形式。金融市场的核心是金融资本，国家经济政策调控的主要对象是企业。金融资本和企业之间既是直接和间接的关系，又是作用与反作用的关系。企业发展方向和增长模式直接取决于经济政策的实施效果。企业要实现自身的健康发展，需要有核心的产品和技术，需要有大量的资金融入。如果企业的融资出现阻滞，就有可能会出现资金链断裂，进而破产。所以，国内的企业需要通过政策引导金融市场创新，并从中培养出自身的财富聚集和风险规避的能力。宏观的经济政策从构建到发挥作用需要一段时间，在政策制定过程中需要考虑到重点和目标，要循序渐进，避免政策的实行对经济造成较大的冲击。企业在转型升级以及政策补偿等问题上，需要得到更多的政策性资金保障，这仅仅依靠国家财政支持是办不到的。只有通过对金融市场的创新，构建出科学合理的经济政策体系结构，才能确保企业的资金融入。

其次，我国调整经济增产模式的重要手段是对"两高"企业的资金扩张冲动进行政策上的遏制。经济政策借助于成本内部化和市场交易等经济杠杆，对企业的社会经济活动进行影响和调整，最终实现对企业金融行为的政策性引导。金融市场作为宏观经济调控的工具，具有刺激市场、调节杠杆、监督资源配置和规避风险等功能。例如，对于绿色经济产业，政府既可以通过金融市场环保核查制度和环境信息披露制度等，加强对企业融资后的环境监管力度，又可以通过对资本市场给予优惠政策，激励企业对自身的产业结构进行调整，从而促进绿色经济产业的

发展。

再次，金融市场价格和市值的变动，能够对各项金融政策实施效果予以准确的传递，为投资者进一步调整和修正投资决策提供可靠的依据。金融市场通过其反馈机制的信息传递功能，使公众成为参与和监督政府金融政策落到实处的重要支撑，为降低行政监管成本提供了很好的途径。随着金融信息公开制度的建立和有效实施，公众能够对上市企业的经营风险进行直观的掌握，这对企业的市场竞争力和股价具有影响，也可以间接地对企业的生产活动产生影响。例如，证券交易市场针对投资者展开的投资教育活动就是受众面极大的经济政策宣传渠道，使投资者意识到绿色经济是未来的发展方向。政府也可以通过发布政策文件，推动建立上市企业的绿色信息收集系统平台，同时面对大众推出绿色消费活动，这对于企业和大众绿色经济意识的培养具有非常重要的作用。

最后，中国经济政策体系的创新完善，使其能够在市场经济的框架下，借助金融市场，发挥出资源配置的作用，带动资金和技术更好地融入企业的发展中，促进政策目标的最终实现。具体来说，主要包括以下几方面内容：一是从战略上明确绿色证券市场的地位和重要作用，围绕绿色证券市场的创新建设制定相关的金融政策，并纳入金融业发展的中长期规划当中，有计划、有步骤地稳步推进实施；推动形成证券从业人员和上市公司高管的培训体系和考核政策体系；加大对证券交易所、基金公司等投资者有关政策的教育宣传活动。二是积极推动上市公司"绿色治理"环保生产意识的培养，建立企业问责制度和完善的环境准入机制，等等。

3. 政策支持企业发展存在的问题

改革开放以来，我国在发展多种经营方式的基础上，为确保中小企业的发展，从融资支持、财政倾斜、法律规范和行政管理等方面推出了一系列的促进政策，使中小企业得到了极大的发展空间。虽然我国政府在不同的社会经济发展时期都出台了不少促进政策用来推动企业的发展，但是面对纷繁复杂的外部经济环境，很多政策在实施过程中由于市场环境、企业内部环境和经济体制等原因而无法实现预期的效果，再加上我国的企业政策支持体系还不够完善，故此我国企业尤其是中小企业的发展之路，仍然存在着较多的阻碍。

首先，政府政策支持的力度不够。虽然政府制定了较多的政策对中小企业进行扶持，但是相较于大型企业来讲，中小企业并没有得到足够的重视。政府相关政策制定人员普遍认为，虽然中小企业的经济贡献率不低，但也只是市场经济的补充，故此在进行政策建设发展中对中小企业较为忽视。这个认知也导致了国家针对不同规模企业的政策中出现了不公平的现象，如税收优惠政策、贷款条件政策等。

其次，政府政策的可实施性不强。随着我国中小企业的快速发展，相对应的支持政策所涉及的范围越来越广泛，加之很多政策在实施过程中未受到法律约束，这就使得实际操作中的阻碍较多，操作起来较为困难，政策制定的初衷很难实现。同时，由于我国东西部发展不平衡，处于不同经济水平的地区之间的企业在发展中所需要的政府支持政策也不尽相同，即便是同一地区的企业，当它们处于不同的发展阶段时，所需要的政策支持也是不相同的，同一套政策是不可能满足不同企业的实际需求的，必须要有灵活适用的政策才可以。所以说，目前我国企业发展政策支持体系还没有形成满足多层次企业发展需求的政策框架。

最后,政府财政政策对企业发展的干预程度还不够深入。中小企业受到自身规模的限制,在发展中存在资金少、风险大等天然的不足,这使得它们在激烈的市场竞争中处于天然的劣势地位,在融资、投资方面相较于大型企业来讲要困难得多,更不容易实施技术的开发和创新。这就说明,仅仅依靠市场竞争机制是不利于我国中小企业发展的,还需要政府制定出一系列的扶持政策来帮助有潜力的中小企业摆脱困境,得到良好的发展。不过,我国目前的政策支持体系的深度显然是不够的,在帮助中小企业解决经济运行中的障碍方面不能发挥出太大的效果,整个中小企业的社会化服务体系也不够完整。例如,中小企业的贷款担保体系、信息化服务体系等都需要进一步的完善和创新。除此之外,我国政策体系在金融支持、技术创新、服务建设和人才培养方面还缺乏有效的法律规定和具体的政策配备,对特殊行业(如新兴产业、知识密集型产业等)的中小企业发展扶持政策(如税收优惠等)还处于半空白状态,这不仅不利于新兴产业的发展,也不利于产业结构的整体调整。

4. 政策支持企业发展创新完善的路径

政府有力的政策支持,能够为企业的发展构建起良好的外部竞争环境,并促使企业对内部环境进行优化,不断提升企业的抗风险能力,从而有效地避免体制结构和经济环境对企业造成的不利影响。对企业尤其是中小企业政策支持的目标,应当是通过政府政策的引导和支持,为企业的发展提供多方面的服务,帮助这些企业认清当前形势和自身所处的行业地域优势和劣势,不断提升自身的生存技能,在政策的帮助下形成具有企业特色的自我创新和发展的机制。

（1）对企业融资服务体系进行完善。

中央政府要从宏观的角度进行政策引导，建立起适应我国国情的企业融资体系，通过对各种相关资源的有效整合，从政策性贷款扶持、金融机构扶持、信用担保扶持等方面帮助企业突破融资瓶颈。地方政府要在遵从中央政府所制定的宏观产业政策的基础上，充分利用本地区金融资源和产业资源优势，制定出适合当地企业发展的优惠政策和扶持措施，实现本地区企业的发展和经济水平的提升。

第一，健全中小企业银行信贷政策体系。中小企业在不同的发展阶段需要不同的政策支持。创立初期的中小企业无法通过市场融资来解决自身资金短缺的问题，所以需要国家政策性融资的支持。对符合国家产业规划政策、具有极大发展前景、处于创建初期的中小企业，政府应当全力提供政策性贷款，建立中小企业发展专项基金，提供优惠的贷款利率政策，使企业能够享受到尽可能多的融资机会。对处于初创阶段的中小企业，政策性贷款的力度应当是最强的，并且政府还需要加强对金融机构的引导，使金融机构加大对中小企业信贷的支持力度，同时适当在中小企业中引入风险投资。不过需要注意的是，政府对中小企业的支持力度和政策制定，要依据本地区的实际情况，因地制宜。

第二，扶持中小企业政策性金融机构建设。政府应当积极引导和发展中小企业金融机构，引导和帮助中小企业政策性金融机构明确自身的市场定位，积极向专业的银行金融机构方向发展，最终形成多种金融机构共同支持中小企业信贷的格局。

第三，建立完善的中小企业信用体系，使商业银行能够对客户进行优化选择，进而提供更好的金融产品和更便捷的金融服务，帮助有发展潜力的中小企业解决资金短缺的问题。

（2）健全风险投资基金机制。

风险投资是促进企业科技成果转化的需要。我国政府应当将风险投资和国内实际情况相结合，通过政策的制定引导风险投资向科技型、产业升级型等风险程度较低，但是经济收益较为稳定的方向发展。对于创立初期的中小企业来说，政府的风险投资政策发挥着重要的引导作用。政府出面组建风险投资基金并运用宣传工具为风险投资体系创造公众的心理预期，以此来提升社会大众对风险投资的认知和参与积极性，并且政府还需要致力于对风险投资法律环境的完善，以确保风险投资政策的顺利实施。政府资金投资引导的目的，主要还是让更多的民间资本主体参与到风险投资基金运作当中来，以便培育出风险投资完全市场化的能力。对于成长期的中小企业来讲，随着其从初期过渡到成长期，风险投资规模也随之逐渐扩大。所以政府方面对这一时期的中小企业风险投资，应当建立起以政府资金为引导、民间资本为主体的风险投资机制，逐渐地减少政府直接参与的活动，更多地引入市场经济杠杆和营造有利的政策环境，同时鼓励大企业和民间资本主体参与到风险投资当中来。政府需要创建出更多有利的条件，吸引外资的汇入，充分利用我国香港地区和其他国家的金融市场，加大风险投资领域，以此来吸引外资融入风险投资中，成为风投资金的重要补充来源。如此，不仅能够引入直接投资形式的大量的国际资本，还能够便捷地获取到国外先进的风险投资经验和信息。

（3）创新完善中小企业法律体系。

完整的法律体系能够使中小企业在市场竞争中有法可依，在法律的保障下实现自身健康良性的发展。我国中小企业法律体系需要从以下几个方面进行完善。

第一，完善基本法律建设。《中小企业法》不仅要从宏观上对企业支持政策进行原则性的规定，还应当进一步规定地方各级政府对中小企业的管理职责和权利，使各级地方政府能够实现职能部门的协调，避免在中小企业优惠扶持政策的实施中制造不必要的障碍，使政策能够自上而下地得到贯彻实施，有效地协调和发挥政府服务功能，完善中小企业的管理机制体制。

第二，完善中小企业服务体系法律法规。政府可以通过政府采购的方式对中小企业进行市场多元化发展的保护，促进市场竞争的自由化发展。目前，我国《中小企业促进法》和《政府采购法》中对政府采购的立法要求还不够，应当在法律中明确政府对中小企业产品的采购，可以规定在产品质量相差不大的情况下，有限购买中小企业的产品，以此来实现对中小企业的优惠策略，为中小企业的发展提供广阔的市场空间。

第三，对于创立初期的中小企业，政府要制定法律法规保护其发展。我国市场中存在着严重的经济性垄断和行政性垄断现象，这就为中小企业不公平交易和不公平竞争埋下了极大的隐患。在这种情况下，创业初期的中小企业是很难在市场竞争中站稳脚跟并得到良好发展的，所以政府有关部门需要意识到这个问题，并且及时地确立相关法律法规，为中小企业的发展创造出良好的环境。

（4）建立统一的企业行政管理机构。

目前，我国正处于经济转型发展时期，市场竞争机制还不是十分成熟，所以对于成长阶段的中小企业来说，需要政府采取行政手段进行市场干预，运用一系列的政策法律法规予以扶持。在这样的背景下，我国政府需要建立起一个统一的企业行政管理机构，对不同所有制形式的企业进行统一管理，尤其是针对中小型企业，要制定出适合这类企业发展的总体规划和政策措施，协调企业间的关系。政府应当尽量采用间接的手段，对中小企业的发展进行有效的政策引导。

第一，充分发挥中央对地方的主导作用，确保中小企业支持政策从中央到地方都能够得到有效的实施。并且，无论是中央还是地方的中小企业管理机构，都不应当直接干预企业的生产经营活动，而是要采取间接政策引导的方式，如信息服务、行业规划、技术指导、政策咨询等，以此来扶持中小企业健康发展。

第二，政府各部门之间应当进行协调，从而更有效地对中小企业进行宏观经济管理。承担中小企业政策制定工作的国家经贸部门应当与行政部门、劳动部门、财政税务部门等进行协调，共同制定出符合国情的中小企业发展政策措施，并且在中小企业政策的实施过程中，各部门也要协调配合、共同监督，尽量避免由于职能交叉带来的不必要的麻烦，确保现有政策效果的提升。

（5）创新完善我国中小企业财政政策支持体系。

第一，要完善税收制度。我国目前并没有针对性较强的中小企业税收优惠政策，各种税收对中小企业的发展造成了较大的负担，所以政府有必要对财政税收政策进行创新改革，加大对中小企业的税收优惠力度，设计合理的增值税、所得税和其他的税收政策税率标准。为了进一步提升中小企业的市场竞争力，对一些特殊行业和部门，政府应当在企业成立初期和成长期予以一定的税收优惠；对暂时有困难但具有很大发展潜力的中小企业实行税收减免或延期缴纳、退税等政策，由地方政府予以财政上的补贴，以此来帮助中小企业实现健康稳定的发展，使企业的负担水平处在合理的范围内；对符合国家产业规划政策的、新建立的中小企业，政府也应当给予一定的优惠政策，对其创办和发展予以政策支持和鼓励。除此之外，还要对中小企业的不合理收费进行严格把控，尤其是经济相对落后地区，各级政府需要采取有效的措施制止公共部门通过设立不合理的收费项目等对中小企业利益进行损害，对于违反相应政策的部门要予以惩罚，以此来确保中小企业的合法权益和健康发展。

第二，要加强政府采购制度。我国政府要在维护公平、确保采购透明度和充分竞争的原则指导下，对政府采购制度进行创新和完善，要尽量向创业初期和成长期的中小企业倾斜。政府相关部门要互相协调，对采购相关的政策办法进行细化，使得这些政策能够落到实处。例如，商品质量和服务没有明显区别的条件下，政府相关部门可以优先采购中小企业的商品和服务，或者政府在采购中划分一定的壁垒给中小企业，或者是规定大型企业需要向中小企业外包一部分的产品和零件等，通过这些采购相关政策的规定和实施，为中小企业的发展创造更多的机会。

我国政府应当在促进企业发展中起到良好的政策导向和支持作用，要不断地完善金融政策、财政政策、法律法规建设和行政管理等政策支持体系。在对企业尤其是中小企业实施优惠政策时，要借鉴发达国家的先进经验并结合我国国情，以满足不同地区和不同发展阶段的企业的实际需求为目标,逐步建立起系统有效的政策支持体系,实现对整个市场经济的引导作用。

5.金融政策发展方向展望

2020年至2021年上半年,世界范围内的经济水平由于受到新冠肺炎疫情的影响而出现整体下行的趋势,但是从政策层面上来说,也只能够改变金融政策指定的节奏,而金融政策发展的趋势和方向是很难发生改变的。2020年我国的货币政策从整体上来说是渐进宽松的,而监管政策则是趋向于结构性放松和纠偏的。虽然在新冠肺炎疫情这一突发事件的影响下,货币政策和监管政策的宽松被提前"透支"了,但这也是符合未来金融政策发展方向的。现下,已经有超过30项金融政策出台,例如,针对重要医疗物资的生产企业予以专项政策支持,对旅游、住宿、餐饮、运输、会展等受到冲击较大的行业予以优惠和扶持政策等。

对未来金融政策发展方向的预测,可以从以下几个维度来进行:一是在新冠肺炎疫情背景下,银保监会于2020年1月发布《关于推动银行和保险业高质量发展的指导意见》(银保监发〔2019〕52号),提出了积极开发支持战略性新兴产业、先进制造业和科技创新的金融产品、加大民营企业和小微企业金融产品创新、丰富社会民生领域金融产品供给等工作部署。二是2020年10月首发了商业银行系统重要性正式名单,对中国银行进行四级分类,并附加了监管举措:(1)提出附加资本和杠杆率的要求;(2)根据行业发展的特点,可以提出流动性、大额风险暴露等其他附加监管要求,上报金融委员会审议通过后实施;(3)加强日常监管,并且定期开展压力测试,根据测试结果提出额外的监管要

求或是采取相应的监管措施;(4)央行可建议相关监管部门采取相应的监管措施,相关监管部门需要积极采纳意见并及时做出回复;(5)央行可直接做出风险提示,必要时对其业务结构、经营策略和组织架构提出调整策略。三是宏观审慎(央行)和微观审慎监管(银保监会)的加强和协同:(1)将外债、房地产、互联网金融、地方政府债务、LPR考核等金融服务重点环节和小微、民企、制造业、绿色金融等金融服务的薄弱环节全面纳入MPA框架体系当中;(2)银保监会对风险管理、问题资产认定、最低资本管理等进行强化;(3)推进金融机构的评级,对资产进行统一规划监管,全面推进金融业的综合统计工作;(4)未来将进一步开展宏观压力测试和常态化的金融体系文件性评估等。四是在风险防范和化解方面,提出高风险金融机构的七种处置方式:核销或接收、直接注资重组、同业兼并重组、设立处置基金、设立过桥银行、引进新的投资者、市场退出。同时,提出防范中小银行流动性风险的"四大防线":再贴现、常备借贷便利、存款准备金、流动性再贷款。另外,提出金融风险的一些重要化解手段:对银行进行同业投资、同业理财,对其他金融主体进行融资平台的兼并重组等。

总的来说,对中小企业的金融扶持是社会共识,也是利率下行和监管政策结构性放松的原因所在。所以,未来的金融政策发展方向,依然会是服务于资本市场融资结构的优化、实体经济的支持、隐形债务化解、国企改革和金融服务薄弱环节的改善等。具体来讲,将会以转型发展为主线,以开放创新为动力,着力推进先进制造业和服务业两轮驱动、新型工业化和新型城市化协同互动、经济发展和生态文明建设和谐共进,进一步增强科技创新力、综合竞争力和可持续发展能力,在新起点上实现新一轮持续、协调、跨越式发展，金融机构无论是在工业、农业，还是在旅游业、服务业以及城乡一体化的发展上，都大有可为。政府和银行关系更为紧密，共同找准着力点，合理投放贷款，提高资金效率，充分发挥金融导向作用，支持和引导我国经济结构实现优化发展。

第五章　基于国学智慧的行为金融案例分析

一、勿过度乐观，应独立思考

1. 案例：郁金香狂热事件

众所周知，荷兰是名副其实的"郁金香王国"，其出产的郁金香畅销120多个国家，出口量占全世界总出口量的80%以上。荷兰郁金香的历史，是从一位名叫克卢修斯的园艺家开始的。

1554年，奥地利驻君士坦丁堡（即伊斯坦布尔，当时的奥斯曼帝国首都）的大使把一些郁金香种子带回维也纳，送给他的好友、知名植物学家克卢修斯。经过克卢修斯的悉心栽培，登陆欧洲的郁金香种子终于发芽、生长、开花了。1593年，克卢修斯受聘担任荷兰莱顿大学植物园的主管，他随身携带了一些郁金香鳞茎来到荷兰。第二年春天，荷兰的第一朵郁金香已经含苞待放了。

高贵、优美、鲜艳的郁金香，深深地吸引了好奇的荷兰人。很快，对郁金香的热爱和追逐就作为一种时尚，流传到了德国、法国等其他欧

第五章 基于国学智慧的行为金融案例分析

洲国家。由于郁金香被引种到欧洲的时间很短,数量自然非常有限,因此价格也极其昂贵。

17世纪的荷兰堪称当时最为发达的资本主义国家,不仅拥有世界上最强大的船队,而且它的首都阿姆斯特丹也成为世界贸易和金融中心,1608年,世界上第一个具有现代意义的证券交易所即诞生于此。当时的荷兰人投机欲望非常强烈,因此美丽迷人而又稀有的郁金香开始成为他们猎取的对象,机敏的投机商开始大量囤积郁金香球茎以待价格上涨。在舆论的鼓吹之下,荷兰人对郁金香的倾慕之情愈来愈浓,人们开始竞相抢购郁金香球茎,而那些花朵上带有美丽花瓣或条纹的稀有品种,更是成为人们疯狂追逐的目标。

从1634年开始,荷兰全国上下都为郁金香而疯狂。与所有的投机泡沫一样,参与的人们最初都实际赚到了钱。由于价钱节节上升,只需低买高卖,买高卖更高。得了甜头后,大家信心大增,不惜倾家荡产把更多的钱投入郁金香的买卖,希望赚取更多的金钱。原本旁观的人看到挣钱这么容易,也受不了诱惑,加入到疯狂抢购的队伍中来。与此同时,欧洲各国的投机商也纷纷云集荷兰,参与这一投机狂潮。为了方便郁金香交易,人们干脆在阿姆斯特丹的证券交易所内开设了固定的交易市场。随后,在鹿特丹、莱顿等城市也开设了固定的郁金香交易场所。

到1636年,郁金香的价格已经涨到了骇人听闻的水平。以一种稀有品种"永远的奥古斯都"为例,这种郁金香在1623年时的价格为1000荷兰盾,到1636年便已涨到5500荷兰盾。1637年2月,一株"永远的奥古斯都"的售价曾高达6700荷兰盾。这一价钱足以买下阿姆斯特丹运河边的一座豪宅,或者购买27吨奶酪。相对于这种顶级郁金香来说，普通郁金香的涨幅也非常"疯狂"。1637年1月，1.5磅重的普普通通的"维特克鲁嫩"球茎，市价还仅为64荷兰盾，但到2月4日就达到1668荷兰盾！

在这股狂热到达巅峰时，也就是1636—1637年的那个寒冬，人们不仅买卖已收获的郁金香球茎，而且还提前买卖1637年将要收获的球茎。球茎的期货市场就这样诞生了。这又进一步加剧了郁金香的投机。由于刚刚形成的期货市场没有明确的规则，对买卖双方都没有什么具体约束，使得商人们有可能在期货市场上翻云覆雨、买空卖空，这使得已经被"吹"得很大的郁金香泡沫，在短时间内更加膨胀。

投机狂潮不可能永远持续下去，事实也的确如此。郁金香狂热的终结，终于在1637年2月4日不期而至。

尽管泡沫崩溃的日期被记录得非常清楚，但谁也说不清投机泡沫到底是怎样崩溃的。人们清楚地记得，在此之前，交易都在非常顺利地进行着，谁也不知为什么，市场突然就这么崩溃了。也许除了说这是泡沫膨胀到极点后的必然结果之外，就再也找不到更好的理由了。

一时间，卖方的大量抛售，使得市场陷入了恐慌状态。这时的郁金香简直成了烫手的山芋，无人再敢接手。球茎的价格一泻千里，暴跌不止。荷兰政府发出声明，认为郁金香球茎价格无理由下跌，劝告市民停止抛售，并试图以合同价格的10%来了结所有的合同，但这些努力毫无用处。一星期后，郁金香的价格平均已经下跌了90%，那些普通品种的郁金香更是几乎一文不值。

等到人们醒悟过来，一切都为时已晚。于是，人们纷纷涌向法院，希望能够借助法律的力量，兑现合同，挽回损失。很快，法庭就淹没在郁金香的官司之中。政府面对这一棘手问题也束手无策，最终所有的"苦果"只能由投机者自己咽下。1937年4月27日，荷兰政府决定终止所有合同，禁止投机式的郁金香交易。这一下，人们彻底绝望了！

郁金香事件不仅沉重打击了举世闻名的阿姆斯特丹交易所，更使荷兰全国的经济陷入一片混乱，加速了荷兰由一个强盛的殖民帝国走向衰落的步伐。从17世纪中叶开始，荷兰在欧洲的地位就受到了英国的有力挑战，欧洲繁荣的中心也开始向英吉利海峡彼岸转移。而直到很多年以后，荷兰才逐渐从郁金香崩盘后的大萧条中恢复过来。

2. 案例分析

"郁金香狂热"属于群体性的非理性行为，在金融市场中被称为"羊群行为"，指投资者在信息环境不确定的情况下，行为受到其他投资者的影响，模仿他人决策，或者过度依赖于舆论，而不考虑信息的行为。在金融市场中，个人投资者和机构投资者均有可能出现"羊群行为"，从而造成市场剧烈波动。

"羊群行为"产生的原因总结如下。

（1）投资者信息不充分、不完全。模仿他人的行为以节约自己搜寻信息的成本。人们越是缺少信息，越是容易听从他人的意见。

（2）推卸责任的需要。后悔厌恶心理使投资者为了避免个人决策投资失误可能带来的后悔和痛苦，而选择与其他人相同的策略，或听从一些投资经理和股评人士的建议，因为这样的话，即使投资失误，投资者从心理上也可以把责任推卸给别人，而减轻自己的后悔。

（3）减少恐惧的需要。人类属于群体动物，偏离大多数人往往会产生一种孤单和恐惧感。

（4）缺乏知识经验。缺乏知识经验，以及其他一些个性方面的特征如知识水平、智力水平、接受信息的能力、思维的灵活性、自信心等，都是产生"羊群行为"的影响因素。一般来说，有较高社会赞誉需要的人比较重视社会对其的评价，希望得到他人的赞许，容易表现出从众倾向；易焦虑的人从众性也比较强；女性比男性更具有从众心理与行为。

3. 智慧分析

对待任何事情都不能盲目乐观，一定要以智慧的思维进行独立思考，这样才能在一定程度上保证事情的顺利发展，否则将会产生消极的影响。在《论语》中，关于独立思考方面的经典名句有很多，如"学而不思则罔，思而不学则殆"，就是孔子所提倡的一种读书学习方法，它的意思是：如果一味读书而不思考，就会因为不能深刻理解书本的意义，而无法合理有效地利用书本的知识，甚至会陷入迷茫；如果一味空想而不去进行实实在在的学习和钻研，那么终究是沙上建塔，一无所得。孔子告诫我们，只有把学习和思考结合起来，才能学到切实有用的知识，否则就会收效甚微。

而导致"郁金香狂热"事件的主因，就是人们缺乏思考、过度乐观，从而产生认知偏差，造成非理性投资者的悲剧。

过度乐观是被经济学家论述得最多的认知上的偏差之一。在日常生活中，过度乐观的例子很常见。人们常常会夸大自己的能力。比如，在评价自己的外貌、驾驶技术、幽默程度、健康状况等诸多特质时，很多人认为自己高于平均水平。一项实验结果显示，当被问到驾驶技术如何时，80%的司机评价自己是个好司机，自己的驾驶技术高于平均水平。另外，在对一个班级同学的问卷中，80%的同学认为，自己的最终成

第五章　基于国学智慧的行为金融案例分析

绩会在中间成绩之上，很显然，至少30%的同学是过度乐观的。这种过度乐观的心理偏差，主要来源于自我归功偏差。自我归功偏差是指人们常常把好的结果归功于自己的能力或者努力，而把坏的结果归咎于不好的运气。

在现实的市场中，投资者往往对整体经济水平、证券市场的前景和自己投资的股票有过高的估计，并相信坏的投资结果不会发生在自己身上，这一点在整个"郁金香狂热"事件中被表现得淋漓尽致。这种过度乐观的偏差，直接导致人们在进行投资选择时低估了投资风险。

过度乐观导致的投资上的偏差主要表现如下。

（1）过度乐观导致投资者过多地投资本公司的股票。投资者常常对本公司的前景过度乐观，而认为其他公司更有可能面临破产的风险，因此本公司的股票比较安全，而其他公司股票的风险比较大。

（2）过度乐观使得投资者相信，他们可以获得市场的平均收益率。事实上，由于通货膨胀、交易费用、税收等因素的影响，投资者的收益率很可能低于这个水平。

在一个以市场为导向的社会里，人们能够抬高任何日用品的价格，从郁金香到印象派的绘画作品，再到IPO……一直抬高到不能从理性上加以评判的程度。但归根结底，价值要受到时间和空间的制约。就像荷兰政府对郁金香事件采取的手段，是先从交易空间上制约，运用经济杠杆来调节价格，之后再用法律来堵漏，整个过程基本合乎经济规律。美中不足的是，政府采取措施的时间太晚了，以致有太多人牵涉进去，遭受了巨大损失。

二、勿过度自信，应止盈知足

1. 案例：南海泡沫事件

1711年，因为辉格政府的解散，给英国的公共信用造成了极大的伤害，于是，著名的牛津伯爵哈利创办了南海公司。该公司成立的目的有两个：一是打算重建公共信用；二是为总额将近1000万英镑的陆军和海军债券以及其他一些流动债券提供清偿工具。当时，牛津伯爵的公司将这笔债务揽到了自己的肩上，而政府开出的条件是，同意在一定时期内担保其年利率为6%。为了支付每年高达60万英镑的利息，酒类、醋、印度货物、精制丝绸、烟草、鱼翅以及其他一些商品的税收，被政府永久性地转移给该公司，并给予其对南海（即南美洲）的贸易垄断权。

还在南海公司发展的早期阶段，由其描绘的一幅极具诱惑力的远景，就迷惑了无数人的心智，即民众和投机客对南美洲东海岸那无数财富的渴望。当时的人们都深信秘鲁和墨西哥的金矿和银矿取之不尽、用之不竭，如果英格兰的产品能被运送到大洋彼岸，那么，当地的土著就会将价值百倍的金锭和银锭付给英国人。

此外，有一则消息也在四处流传：西班牙很愿意做出让步，同意南海公司使用其在智利和秘鲁沿岸的四个港口。公众的信心因为这一消息而进一步增强了。不过，西班牙国王菲利普五世却从未想过对英国人放开其在美洲港口进行自由贸易的权力。双方谈判的唯一成果就是：西班牙允许英国每年可以将一船货物运送到墨西哥、秘鲁或者智利进行贸易，而船舶的吨位以及货物的价值都被加以限制，而且该船货物创造的全部利润的四分之一属于西班牙国王，同时，余下的四分之三利润将会被征收5%的税款。

然而，合约并未动摇公众对南海公司的信心。牛津伯爵宣称，西班牙将同意在每年的一艘船之外额外增加两艘货船；他还公布了一个名单，列上了这些海岸线上所有港口的名字。据说，这些港口都将对英国大开贸易之门。

而实际上，直到1717年，南海公司才进行了首次航行，在接下来的一年，因为英国和西班牙两国绝交，贸易就此受阻。但是，由于南海公司的大名持续出现在公众面前，虽然它和南美洲国家的贸易不曾为其年收入做出任何贡献，却仍然表现出一派欣欣向荣、兴旺发达的景象。

1720年1月22日，英国众议院对南海公司为了赎回和减少公共债务所提出的建议进行审议。对于将总额高达3000万英镑的国债揽到自己身上，南海公司似乎十分热衷，而且主动提出，每年的收益率为5%，而这一收益率会一直保持到1727年（后改为1724年）仲夏。在这个时点之后，若立法机关愿意，就可以将全部债务赎回，而与之相应的是，利率也会减少到4%。众议院最终批准了南海公司提出的建议。而在上议院，此项议案更是以前所未有的高效率走完了每一道程序。

另一方面，关于英国和西班牙之间的条约，到处被人夸张地流传着。据说，后者会根据条约，给予南海公司在其所有殖民地进行自由贸易的权利。对南海进行贸易活动的这家公司，必将成为有史以来最富有的公司，倘若在这家公司购买100英镑的股票，那么每年会因股票获得成百上千英镑的收益，这绝对是个一本万利的好买卖。

最后，通过诸多方法，南海公司的股票价格一直上涨到了将近每股400英镑。那时的英国，好像全部国民都成了股票投机者。任何一个对南海公司计划的成功充满兴趣的人，无不兴高采烈地聚拢来一大帮听众，向他们详细介绍南美洲海域蕴藏的巨大宝藏。热情的股民将交易所挤得满满当当。

股票价格快速上涨。4月12日，也就是南海公司议案成为法律的5天之后，董事们将自己的账簿打开，以每股资本金合100英镑、售价为300英镑的价格，发行了100万新股。于是，各个阶层的人都汇集于交易所，争相认购南海股票。对于每股面值100英镑的原始股，他们以每次60英镑的价格分5次付款。几天之后，股票价格上涨到了340英镑，而认股申购的售价则上涨到了首次支付价格的两倍。

为了进一步激发人们的热情，煽动人们购买股票，南海公司的董事们决定，第二次发行、认购100万股股票，并以400%的溢价发行。各个阶层的人们都对这种投机活动充满了高度的热情，以至于在几个小时之内，人们按照这一比例申购的数量就多达150万股。

在整个5月，南海公司的股票价格始终在上涨。5月28日，南海公司股票的报价是550英镑。在此后的4天之中，股票价格如同着魔了一般，出现了不同寻常的大幅上扬，猛然之间，从550英镑上涨到了890英镑。

直到此刻，人们才认为，南海公司的股票价格不会涨得更高了，很多人抓住机会将手中持有的南海股票抛出，从而将自己的利润兑换出来。交易所里出现了明显的供需失衡。于是，南海公司的股票价格马上下跌到了每股640英镑。南海公司的董事们匆忙下达了买进股票的命

第五章 基于国学智慧的行为金融案例分析

令，到傍晚的时候，股票的价格涨回到 750 英镑，且股价始终保持在这一水平，仅有轻微的波动。直到 6 月 22 日，南海公司的董事们才停止了回购。

接下来，在整个 8 月，南海公司的股票始终在持续下跌。9 月 12 日，有消息说英格兰银行同意为南海公司融通 600 万英镑的债务，南海股票随之应声上涨到了 670 英镑。不过，就在当天下午，人们获悉，这一消息纯属空穴来风。于是，南海股票的价格马上开始下落，再次跌回到了每股 580 英镑；次日又跌到了 570 英镑，收市时更是跌落至每股 400 英镑。此后，市场上人心惶惶，人人大举设法抛售南海股票，到 9 月 28 日的时候，南海股价已经暴跌到 190 英镑。

南海公司的股价暴跌，使数以万计的股民血本无归，当中不乏上流社会人士，另外有一部分人，更是因为欠债累累而出逃国外。

2. 案例分析

南海泡沫事件告诉人们：金融市场是非均衡性的市场，只要有足够多的资金，可以把任何资产炒出天价，导致泡沫急剧膨胀。正如凯恩斯所说，股票市场是一场选美比赛，在那里，人们根据其他人的评判来评判参赛的姑娘。毫无疑问，这个时候政府的监管是不可或缺的。

金德尔伯格（2000）指出："泡沫也许是欺诈，也许不是。密西西比泡沫不是欺诈，而南海泡沫却是。"欺诈是南海泡沫不同于其他泡沫事件的一个明显的特点，然而，是否欺骗并不是南海泡沫和密西西比泡沫甚至郁金香泡沫的主要区别，其关键在于南海泡沫已经具有生产性资产泡沫的特点。不容否认的事实是，南海公司的股票开始走强之后，导致人们对于股票市场产生很高的预期收益，于是刺激了人们开办公司的欲望，众多人将自己的精力投入到这些创办新公司的活动中去。仅仅从这一点上看，肇端于南海公司的股票高涨，在客观上刺激了人们的冒险活动。

在整个事件中，并不像法国的密西西比泡沫那样，后者随着印度公司大规模地发行股票，皇家银行也相应地大规模供应货币，由此导致了严重的通货膨胀。在南海泡沫中，涉及了众多的公司，同时银行并没有参与进来。人们大量地购入这些股票，并不仅仅是一种简单的投机活动。正如斯科特（1911）指出的那样："18世纪的头25年，由于市场拥有充裕的资本，使得商业产生了巨大的需求，因此，在现在这种完全不同的条件下，对那时的资本来说，我们几乎不可能对存在着许多有前途的出路准确地做出估计，我们会觉得1720年以300英镑或400英镑购买南海公司股票的投资者可能是过分乐观了。但是，至少存在一种可能性，这就是投资者相信将来它们会获得回报。"

我们不得不这样设想，如果当时英国的金融法制法规比较健全，能够将这些欺诈性的泡沫公司轻易地甄别出来，那么南海公司股票的高涨很可能会导致一个繁荣健康的股票市场的诞生。这将引导人们将更多的精力投入到那些能够产生真实收益、具有创新性质的公司上，无疑将刺激生产的进一步发展，使得那些充裕的闲置资本得到合理的利用。遗憾的是，当时并没有这样的条件，那些欺诈性的泡沫公司能够如此轻易地出现，足以说明当时的法制环境是多么的微弱。

南海泡沫事件虽然以崩溃而告终，并且也没有郁金香泡沫以及密西西比泡沫那样更加疯狂，更加激动人心，但是它的意义超过了另外两个。因为它是第一次产生的具有生产性资产意义的泡沫，从而也是具有

第五章　基于国学智慧的行为金融案例分析

真正意义的股市泡沫。南海泡沫的崩溃使英国的经济生活显著地衰退下去。在其后的一个多世纪中，英国规定禁止设立股份公司，其导致的后果也是严重的，它甚至使得英国在长达20年的时间里放弃成为欧洲的领袖。

3. 智慧分析

《论语》中，孔子在评论卫国的公子荆时说："善居室。始有，曰：'苟合矣。'少有，曰：'苟完矣。'富有，曰：'苟美矣。'"意思是说，公子荆善于居家过日子。刚刚有一点财产，便说差不多够了；稍稍增加一点，便说差不多完备了；富有以后，便说差不多美满了。可以说，公子荆是知足常乐的典型。

在资本市场中，我们看到不少铤而走险而落得声败名裂的人，其主要原因就在于贪得无厌。所以，"知足"不是没有追求，"知足常乐"更不是平庸的表现，相反，这是一种难得修炼成的德性。

纵观整个南海泡沫事件，我们发现人们不仅仅习惯性地表现为过度乐观，而且还表现为过度自信。在日常生活中，人们常常低估风险，同时高估自己控制形势的能力。另外。在做判断和决策时，人们常常认为自己比别人更聪明，更拥有精确的信息。过度自信来源于人们的控制力幻觉，即人们总是认为自己能够控制事件的发展，并且能够取得成功。

大量的研究表明投资者对自己的投资能力过度自信，这主要表现在两个方面。

第一，预测的过度自信。即在进行投资预测时，投资者的自信区间过于狭小。比如，在预测股票未来的价格变化时，过度自信的投资者估计，股票的价格会在10%的幅度内上下波动。然而，历史数据表明，股票价格波动的范围要远远大于这个区间,也就是说,投资者低估了股票投资的风险。

第二,确定性的过度自信。人们常常对自己的判断能力过度自信。实验表明,当人们认为自己的选择100%正确时,事实上,真正的正确概率只有70%~80%。人们一旦认为投资于某种股票是正确选择的时候,就常常忽视股票可能遭到损失的可能性,这样,如果股票未来的业绩不好,投资者就会十分失望。

总之,在投资的过程中,过度自信的投资者很容易被一些错误的信息所误导,从而导致交易过度、投资方向错误以及证券组合的分散化不足等。

美国经济学家奥登在1998年对贴现经纪人的10000个交易账户的数据进行了研究,并分析了过度自信导致的投资行为的一些特征。研究发现,过度自信的投资者在交易的过程中会频繁地买入和卖出股票,一般来看,在第一年后,投资者卖出股票的收益比买入股票的收益高出3.4%,而把非投机性的交易排除之后,这一差异上升至5.07%。经济学家巴伯和奥登在2000年的一篇题为"交易对财富有害"的文章中,把投资者按照每月的交易量分为五类,并描绘了从1991年2月到1997年1月按照每月交易量进行分类的投资者、平均的个体投资者以及S&P指数基金的年度收益情况,最终显示,随着交易量的上升,投资的净收益率反而会下降。

另外,心理学研究显示,男性比女性更加过度自信,这就意味着男性的交易行为比女性的交易行为更加频繁。巴伯和奥登(2001)在1991年2月到1997年1月的样本中发现,男性比女性的交易频率高出45%。同时，频繁的交易导致男性的年度收益率降低至少2.5%，而对于女性来说，却仅仅降低1.7%。基于以上的结果，奥登认为，由于女性没有男性那样过度自信，所以夫妻共同进行的交易可能会少于单身男性进行的交易。奥登研究了单身男女和所有男女的交易情况。结果表明，单身男性比单身女性的交易量高出67%，但是年度收益率低了3.5%。在所有女性、所有男性、单身女性和单身男性的四个组别中，单身男性的交易量最高，而所获得的净收益却最低。

在金融学领域，过度自信主要表现如下。

第一，过度自信的投资者会高估自己评估股票的能力。如果投资者已经购买了某种股票，他就坚持认为这种投资是正确的选择，同时，他会忽视这只股票的负面信息，比如最初不应该购买股票的信息，或者应该卖掉已经购买的这只股票的信息，等等。

第二，过度自信的投资者常常相信自己拥有比较确定的信息，而这些信息并没有被其他的投资者掌握。这样，投资者就会表现为交易过度，从而导致净收益率的下降。

第三，过度自信的投资者常常忽视对相关投资的历史数据的研究，这样，他们就会低估股票投资的风险，从而对负面因素估计不足。于是，投资者常常"意外"地遭受损失。

第四，过度自信的投资者持有的证券组合往往分散化不足，这样，在既定的风险承受能力下，投资者往往承担了过多的风险。

三、勿证实偏差，应知易行难

1. 案例：俏江南私募股权投资失败事件

俏江南是国际餐饮服务管理公司品牌，创始于2000年。自成立以来，俏江南遵循创新、发展、品位与健康的企业核心精神，不断追求品牌的创新和突破，从国贸第一家餐厅开始，陆续发展到上海、天津、武汉、成都、深圳、苏州、青岛等地。经过多年的累积和发展，俏江南餐厅已经遍布中国20余个城市，拥有几十家分店，成为国内领先的时尚商务餐饮品牌。

2008年，俏江南正处于高速扩张期，然而大量的资金需求使其陷入困境。创始人张兰为了缓解现金压力，计划抄底购入一些物业，引入外部投资者鼎晖。当时鼎晖投资开出了一位潜在竞争者三倍的价钱，顺利赢得了张兰的首肯。11月，鼎晖向俏江南注资2亿元人民币，股权占比10.526%。依此估计，鼎晖对俏江南的估价约为20亿元，当时俏江南的门店数量为40家。

由于鼎晖投资俏江南时投资规模较大，俏江南的估值也很高，鼎晖在做此决定前就早有准备，它在合同中埋入了对自己极其有利的保护性条款。据网易财经、搜狐网等多家媒体报道，鼎晖入股时，投资条款中设有"对赌协议"：如果非鼎晖方面原因造成俏江南无法在2012年底上市，那么鼎晖有权以股权转让或回购的方式退出俏江南。但如果俏江南要求鼎晖减持股份，一定会伴随着难以承受的高额要价。

2009年末，双方开始筹备俏江南的上市事宜。鼎晖为此专门成立了一家公司，通过它为俏江南注资并持有其股份。2010年初，张兰请来原麦肯锡合伙人魏蔚担任CEO。没多久，张兰陆续将俏江南4.7%的股份以1508万元的价格、3.889%的股份1248万元的价格、1.217%的股份以391万元的价格转让给了魏蔚、安勇、史海鸥等高管。这一做法让张兰直接损失了9.8%的股份。以鼎晖进入俏江南时约20亿元的估值来计算，9.8%的股份价值为1.96亿元，这相当于让张兰减少了1.65亿的股份。除此之外，张兰还从一些外资餐饮连锁企业挖过来一批职业经理。但好景不长，在任不到一年的CEO魏蔚离开了俏江南，外资企业的经理人也相继离开，这些职业经理人的离开使得俏江南的股份被大大稀释。

2011年3月，俏江南向证监会递交上市申报材料。但两个月后证监会都没有做出任何回应，而后在证监会披露的终止审查企业名单中俏江南却赫然在列。在折戟A股后，2012年4月，俏江南谋划在香港上市，预计融资规模为3亿~4亿美元。为筹集资金，当年5月，俏江南将集团旗下的兰会所出售。但此后香港上市便再无消息。

最终，俏江南两次IPO都以失败而告终。根据对赌协议，2012年没能实现IPO就触发了"股份回购"条款，但当时俏江南处于经营惨淡期，其门店从70多家缩减到只剩50家，很难拿出巨额现金去回购鼎晖所持股份，回购协议无法执行。但鼎晖还有其他的把柄，就是"领售权条款"。按照该条款，如果鼎晖要出售俏江南，张兰必须同意并执行。

鼎晖为使俏江南成功出售并得到预期收益，便找到了欧洲的私募股权基金CVC。2013年，CVC为收购俏江南设立了甜蜜生活美食集团控股有限公司，它把股份抵押给债权方，得到融资后便与鼎晖和张兰进行股份买卖。最终，CVC 以 3 亿美元的价格收购俏江南，其中有 1.4 亿美元的银行融资和 1 亿美元的债券，而 CVC 自己只花了 6000 万美元。

2. 案例分析

这是一个由于对赌协议引发的私募股权投资失败的典型案例，也是证实偏差的典型案例。

近年来，在中小板、创业板、海外上市的民营企业身上均有私募股权投资的影子，但私募股权投资的结果往往无法达到投融资双方的目标利益，在中国的投资市场中，俏江南并非个例。立足于中国民营企业的资本扩张，尤其是采用私募股权融资的方式进行增资扩股，我们认为应该着重思考以下几个方面的问题。

（1）关于选择投资伙伴。

鼎晖与俏江南的合作失败从根本上来说是源于价值观的不统一。鼎晖与俏江南发起争端后，张兰曾在采访中表示后悔引入鼎晖，指责其并未帮上什么忙。其中，俏江南因政策原因在 A 股上市泡汤后，便转战香港市场，但这样一来企业估值就会大幅下降，双方都会吃亏，难免会经常出现纷争。然而双方矛盾的主要原因还是归咎于诉求和价值观不同。张兰是实业家，而鼎晖是做金融的，双方的经营及投资理念差距较大，做事方式及风格也大相径庭。此外，这种思维的差异还可能会产生双方对企业战略理解的不同，企业家从节约成本出发从而提高利润，而投资者却想着为扩大规模而不惜牺牲一些利润。

因此，合资双方选择投资者或者被投资者时一定要慎重，价值观和经营理念要保持高度一致。实体行业和金融行业本就在盈利模式上有较大的差距，因此在合作对象选择上一定要事先做好深入了解。投资方一

第五章　基于国学智慧的行为金融案例分析

定要对企业做好行业背景分析、行业前景分析及企业情况分析，熟悉企业特色、经营模式、价值理念、盈利状况等因素；而被投资方一定要清楚投资方投资企业的意图及目的，当然盈利最大化一定是投资方的终极目标，但共赢才是更好的选择。被投资方不能因为引入私募股权投资而放松实体经营和商业运作；对于投资方而言，也要与创业者协商共谋企业内部管理的策略，改进内部不符合管理科学要求的流程与习惯，但是这一变革一定是渐进式的，不可急于求成。不少私募股权投资经营方式是粗放型的，对投资项目的增值服务往往仅限于投资而不关心管理。像这样只有钱却不能提供管理服务的私募股权投资，企业在引入时要特别谨慎。

大多数时候，像鼎晖和俏江南这种矛盾是始终存在的，几乎难以调和。较好的解决办法是在决策前双方可以天翻地覆地争论与协商，列举一切事实和案例，但一旦做出决定，就要认为这是一个双方接受的决定，而不能有"你当初非让我做，我听你的却错了"的推卸责任的心态。

（2）关于对赌协议。

鼎晖以如此高价投资俏江南，自然附有回购条款。其合同中规定：如果非鼎晖一方原因造成俏江南无法在2012年底上市，或者俏江南的实际控制人变更，鼎晖有权退出俏江南，退出的方式由俏江南选择：鼎晖将股权转让给张兰或张兰认同的第三方，或者"通过法定程序减少注册资本及减少股东数"。这就是俗称的"回购"。也就是说，张兰想要鼎晖同意减少注册资本，就必须开出鼎晖能接受的价格。

鼎晖与俏江南的回购条款无非是上市类型的对赌协议。对赌协议的风险很大，甚至存在一定的陷阱。从对赌协议的条款设计来看，"俏江南无法上市鼎晖就要以鼎晖开出的价格退出俏江南"就显得有失公平，蕴含着巨大的风险，使被投资方处于经营业绩波动、宏观经济变化、行业发展变化等不确定风险之中，如果不能满足对赌协议的要求，企业就会付出巨大的代价。因此，公司在签署对赌协议时，需要专业细致地推敲协议条款，谨慎合理地进行业绩预测及上市成功概率的预测，并且增强与投资人的沟通，缩小双方在定价期望上的差距，在对赌协议中加入更多的柔性条款，预留一些弹性空间，更多地将双方利益与长远收益挂钩。

更值得注意的是，签署对赌协议本身就是一种风险信号：投资方提出并坚持签署对赌协议条款，这种自我保护机制设计本身就意味着双方的估值存在差异，即俏江南的估计过于乐观，而鼎晖对公司的未来经营并没有足够的信心。这一信号应引起俏江南的高度重视，它可能意味着俏江南需要以一定的方式收敛，而不是不惜代价地扩张。俏江南需要反思：自己是否过度自信，而且对公司的前景过度乐观；公司眼前的资金紧张局面是否意味着资金链条过于缺乏弹性；是否具有抗拒产业和环境上诸多影响因素的能力；是否应该考虑从投资环节而不是融资环节来解决问题。

由于对赌协议存在高风险性，因此我国企业在应用时不能一味照搬国外模式，必须结合现实情况进行针对性的分析，合理地应用对赌协议，以最大限度地利用这种融资方式，激励企业实现快速的跨越式发展，而不能让原本激励企业奋进的"天使"变成令人憎恶的"魔鬼"。

总的来说，关于对赌协议需要注意以下几个方面。

首先，对投资行业进行深入研究。在拟订对赌协议前，投资者需对不同的行业特征做出全面详细的分析，就企业在该行业未来的发展做出准确的判断，切忌盲目乐观或目空一切。

其次，企业分析是重中之重。不同的企业有各自的发展情况及重心，在设计对赌协议时，应该对企业的现有能力和发展潜力有客观清晰的认识，切不可过度自信，急于获得高估值融资，而忽略了自身和投资者要求之间的差距。

最后，目标的设定要合理。对赌协议的核心条款包括两个方面：一是对赌的标准，例如盈利水平等业绩指标；二是企业管理层不能达到预期目标时补偿投资方损失的方式和额度。目前，我国企业往往在对赌协议中约定的目标过高，对企业管理层造成很大压力，可能会迫使管理层进一步做出高风险的非理性决策，导致企业业绩继续恶化。因此，在约定对赌之时，应该注意在条款中多设计一些盈利水平之外的柔性指标作为标准，以缓冲经营压力。

从俏江南的案例中我们可以看出，投融资双方在寻找合作伙伴时并未提前做出合理判断，产生了证实偏差，对赌协议的签署也过于盲目，才导致双方最终的不欢而散。鉴于此，企业和投资方都应该慎重选择合作伙伴，一旦合作就要团结一心，切莫亡人自存。

3. 智慧分析

证实偏差是指人们在寻找支持某一特定观点或信念的证据时的一种选择性偏差。人们倾向于积极地寻找或者高估支持这一观点或信念的证据，而忽视或者低估违背这一观点或信念的证据，也就是说，人们有一种寻找支持特定假设的证据的倾向，即人们倾向于"证实"，而不是

"证伪"。在金融市场中，投资者一旦做出某项投资决策，便倾向于寻找支持这个决策的信息，而忽视与这个决策相违背的信息，这就导致投资者低估或者忽视这项投资的风险。另外，证实偏差也会导致投资者的证券组合分散化不足。

下面是关于证实偏差的一个著名的四卡片实验。

假设受试者面前放有四张卡片。每一张卡片的一面是字母，另一面是数字。受试者看到的卡片是：A、2、9、X。

考虑这样一个假设：如果一张卡片的一面是元音，那么另一面一定是偶数。

问题：受试者应该翻开哪两张卡片来证明这个假设呢？

正确的答案是翻开 A 和 9。但是，大部分受试者没有做出正确的选择。很多受试者选择翻开 A 和 2。翻开卡片 A 是正确的，因为如果 A 的另一面是奇数，那么这一假设是错误的；如果另一面是偶数，那么原假设可能正确，也可能错误，我们还需要翻开其他的卡片来证明原假设。翻开卡片 2，如果看到的是辅音，那么与原假设不相关；如果是元音，那么与原假设一致。翻开卡片 9，如果另一面是元音，那么原假设不成立；如果是辅音，那么与原假设不相关。所以，应该翻开 A 和 9。事实上，翻开 A 来证明原假设可以被看作是"证实"，而翻开 9 可以被看作是"证伪"。很多受试者选择翻开 A，因为人们有一种寻找支持这种假设的倾向，人们更容易找到和接受支持某一观点或信念的证据，而不是与之相违背的证据。

经济学家斯塔曼和投资专家费雪在文章"市场预测中的认知偏差"中，提供了一个很好的证实偏差的例子。他们通过对 1872 年到 1999 年股票市场数据的考察，试图用不仅仅"证实"，而且"证伪"的方法来检验这样一个观点：对于某一只股票，它的收益率会随着股息收益率的增加而增加。他们的研究发现，样本中股票的股息收益率的中值是4.43%。他们把股息收益率高于4.43%的股票定义为高股息收益股票，低于4.43%的股票定义为低股息收益股票。同时，样本中股票一年后的收益率的中值是10.5%，他们以类似的方式将所有的股票定义为低收益率股票和高收益率股票。

表5-1描述了股息收益率和一年后的未来收益率的关系。

表5-1 股息收益率和一年后的未来收益率的关系

	低收益率股票	高收益率股票
低股息收益率股票	正面的确认	正面的否认
高股息收益率股票	反面的否认	反面的确认

表中第二列中间的单元格是对原假设的证实，我们称为正面的确认，或者阳性。第三列下面的单元格说明了高股息收益率的股票会有高的收益率，这一论述从反面的角度证实了原假设，我们称为反面的确认，或者阴性。正面的确认和反面的确认都为原假设提供了很好的证据。而第三列中间的单元格说明，低股息收益率的股票会有高的收益率，这被称为正面的否认，或者假阳性。第二列下面的单元格说明，高股息收益率的股票会有低的收益率，这被称为反面的否认，或者假阴性。这两个假阳性和假阴性的单元格与原假设不一致。当考察一个观点或者假设时，应该不仅仅关注与原假设一致的证据，也应该关注与原假

设不一致的证据。

表 5-2 中显示了斯塔曼和费雪的研究结果,即年初股息收益率和一年后的股票收益率的关系。

表 5-2　年初股息收益率和一年后的股票收益率的关系

	低收益率股票	高收益率股票	总数
低股息收益率股票	33	31	64
高股息收益率股票	31	33	64
总数	64	64	128

从表中可以看出,他们得到了 33 个正面的确认和 33 个反面的确认,从而证实了低股息收益率股票的收益率低、高股息收益率股票的收益率高,这是与原假设一致的证据。但是同时,他们也得到了与原假设不一致的证据,即存在 31 个正面的否认和 31 个反面的否认。所以,通过对"证实"和"证伪"两方面的考察,他们得出结论:股息收益率和一年后的股票收益率并没有显著的关系。

《论语·公冶长第五》中记载,宰予昼寝,子曰:"朽木不可雕也,粪土之墙不可圬也!于予与何诛?"子曰:"始吾于人也,听其言而信其行;今吾于人也,听其言而观其行。于予与改是。"意思是说,宰予在大白天睡觉,孔子说:"腐烂的木头不可以雕刻,用粪土垒砌的墙面不堪粉刷!对于宰予这样的人,还有什么好责备的呢?"又说:"起初我对于人,听了他说的话就相信他的行为;现在我对于人,听了他说的话却还要观察他的行为。这是由于宰予的事而改变。"孔子之所以这样说，是因为宰予一向能说会道，此前一直深得孔子赏识。

这个典故，正是国学智慧中对于"勿证实偏差，应知易行难"的写照，它教给我们，对于一个人或一件事，不能人云亦云，以潜意识的第一印象为准，而是要经过深入的观察之后，再做出决断。

四、勿保守性偏差，应宠辱不惊

1. 案例：重庆啤酒投资失败事件

重庆啤酒股份有限公司（以下简称重庆啤酒或重啤）于 1993 年 12 月 23 日挂牌成立，于 1997 年 10 月在上海证券交易所上市交易。该公司是中国啤酒行业中仅有的四家上市公司之一，经营范围有啤酒、非酒精饮料（限制类除外）的生产、销售；啤酒设备、包装物、原辅材料的生产、销售；普通货运（不含危险品运输）。作为西南地区当之无愧的啤酒大王，公司在西南地区的市场占有率达 45%，在江浙一带的市场占有率也长年保持在 30% 以上。公司生产的"山城""重庆""麦克王""国人""天目湖"以及"大梁山"等品牌啤酒系列产品，在国内具有很高的知名度。

出于行业竞争的压力，重庆啤酒管理层认为要在稳步发展主业的同时，寻找新的利润增长点，实施多元化扩张策略。正是在这样的背景下，1998 年 10 月，重庆啤酒使用在 A 股市场上首次募集得到的资金，以 1435 万元的代价从其母公司重庆啤酒（集团）有限责任公司（简称重啤集团）收购其持有的重庆佳辰生物工程有限公司（简称佳辰生物）52% 的股权。佳辰生物由重啤集团与重庆大学、解放军第三军医大学于 1998 年初设立，自主研发国家新药治疗性（合成肽）乙肝疫苗，这也是啤酒企业进入高科技生物制药行业的第一例。1999 年 8 月 25 日，重庆啤酒通过配股再次募集资金 1.11 亿元，并用其中的 8710 万元再次投资佳辰生物，至此重庆啤酒的持股比例增加至 93.15%。2003 年，乙肝疫苗进入第一期临床阶段，结果证明其安全性符合要求。一年后，第二期实验阶段投入研究，随后进行动物实验、人体实验。至 2011 年 11 月 26 日宣告失败为止，前后历经 13 年之久。与此同时，伴随着重庆啤酒对佳辰生物的收购行为以及乙肝疫苗的研发及临床实验的推进，重庆啤酒的股票价格也节节攀升，成为证券市场持续多年的牛股之一。重庆啤酒在收购佳辰生物以及对其增资扩股的次日，就迎来涨停。2003 年乙肝疫苗获得国家新药研究基金项目资助及 2006 年疫苗进入临床实验后，重庆啤酒的股票价格先后迎来两轮疯涨。按照宣布失败前的最高收盘价 81.06 元计算，重庆啤酒股价复权后在 13 年内上涨约 23 倍。公司股价从 2008 年的 8.05 元一路上涨，2009 年最高到 25.5 元，2010 年最高到 79.98 元，2011 年最高到 83.12 元，重庆啤酒动态市盈率高达 165 倍，远高于燕京啤酒、青岛啤酒等啤酒类上市公司的水平。

2011 年 11 月 26 日，试验报告的统计数据宣告重啤的治疗性（合成肽）乙肝疫苗项目失败，重啤乙肝疫苗正式成为一个概念。重庆啤酒股价暴跌，255 亿元市值瞬间蒸发，连续 10 次跌停，又恢复到上涨前的价格，投资者遭受了重大损失。

2. 案例分析

正如墨菲定理所说的那样："面包落地的时候，永远是抹牛油的一面着地。"重庆啤酒治疗性乙肝疫苗二期 B 阶段揭盲数据并未出现预想

第五章 基于国学智慧的行为金融案例分析

当中的神奇疗效,用药组与安慰剂组无显著差异的现实,正式向外界传递出"疫苗已死"的信号。至此,重庆啤酒跌下神坛,其重金投入的乙肝疫苗被视为"极其失败的多元化案例"。

抛开种种资本市场的逻辑来看,投资乙肝疫苗这件事是一次高风险的跨行业扩张。从重庆啤酒1999年涉足治疗用乙肝疫苗开始,质疑的声音一直未曾平息。

(1)合成肽乙肝疫苗的研发路线有较大争议。

1999年,美国研制出了新的多肽治疗性乙肝疫苗,公开资料显示,该疫苗可以使感染者对乙肝病毒及其抗原不产生免疫耐受状态(即免疫细胞与病毒相容、不排斥的状态),但是其后再无进展。而且,治疗性乙肝疫苗并不是重庆啤酒的独家项目,国内外也有产业背景更为深厚的机构在研发。中国工程院院士闻玉梅在国内最早开始研发治疗性乙肝疫苗,另外,广州药业也在从事乙肝疫苗的研发。国际医药巨头葛兰素史克公司推出的替诺福韦,是世界卫生组织推荐的艾滋病持续治疗一线药物,也是欧美权威医疗指南推荐的慢性乙肝首选抗病毒药物。谁能率先推出疗效明显的乙肝药物,谁就将在市场中抢占先机。竞争中重庆啤酒已然落后,它高估了自己的研发能力。

(2)资金与风险承受能力。

新药开发历来是投资大、周期长的高风险项目。在研发实力、资金投入等方面,重庆啤酒并无先天优势。新药开发的失败率非常高,而且往往需要动辄数亿甚至数十亿美元的投入,2006年全球医药行业研发投入十五强的企业,平均投入高达50亿美元。相比之下,重庆啤酒亿元人民币的投入有些相形见绌。欧美企业底蕴强大,即使新药研发遭遇失败，也不会成为终局性的失败。而像重庆啤酒这种押注于一种疫苗或新药的投资，一旦失败便是结局。如果要开创更多具备竞争力的研发项目，重庆啤酒又没有打造一家底蕴十足的新药研发企业的实力。

（3）疫苗项目也难以与重庆啤酒的主业形成行业合力。

从酿造啤酒的过程当中，发现治疗乙肝的物质，许多人将这个传闻视为笑谈——这方面的内容只能从当年的媒体资料中翻出，但是在疫苗项目失败的事实面前，各种理由都已是可有可无的点缀。

重庆啤酒的11位董事会成员及其高管团队均在啤酒行业浸淫多年，但无任何医药专业背景及医药行业的工作履历，这注定了重庆啤酒高管在乙肝疫苗项目临床试验上只能充当看客的角色，并不能把乙肝疫苗的成败掌握在自己手中。

巨大的市场需求放大了微乎其微的成功率。把宝押在单一的、未来不确定的疫苗项目上，重庆啤酒的多元化就像在玩投机游戏。

其实，早在2007年，乙肝疫苗研究的主要参与者第三军医大学就因为技术原因停止了这项研究。而身为重啤二期临床试验单位的浙大附属第一医院临床试验机构办公室主任在接受媒体采访时，也对该项成果的几个关键环节提出了质疑。此时的重庆啤酒如能及时对外发布相关信息，恐怕就不会出现今天这样的结局了。事实上，像重庆啤酒这样原本资金实力并不强，主要依靠股市募集资金以及负债研发新药的企业，自身承担的风险是很大的。只是企业似乎从未意识到，分析机构和投资者也没有意识到。同时，相关职能部门、企业主管部门对重庆啤酒近乎赌博的行为，也失之监管。

3. 智慧分析

第五章　基于国学智慧的行为金融案例分析

保守性偏差是指人们一旦形成某种观点或者预测，就会坚持下去，不轻易改变，不轻易接受新的信息。即使人们对已有的观点或者预测做出一些改变，这种改变也是十分缓慢的。比如，如果投资者收到了关于公司预期收入的利空信息，而这一信息与公司上个月公布的预期收入相违背，那么由于保守性偏差也会使得投资者继续相信公司上个月的收入预测，并不利用新的信息来更新自己的预测，从而导致对新的信息反应不足。

在金融市场中，保守性偏差主要表现在以下几个方面。

第一，保守性偏差使得投资者长期坚持已有的观点或者预测，从而对新的信息反应不足。比如一个投资者购买了某个公司的股票，因为这个公司公布了即将开发新产品的利好信息。然而一个月后，这个公司宣布，在开发新产品的过程中遇到了一些问题。在这种情况下，具有保守性偏差的投资者仍然会对公司即将开发的新产品保持乐观，并忽视相关的负面信息。很显然，这就导致投资者对投资的风险估计不足。

第二，当具有保守性偏差的投资者开始接受新的信息时，这一过程是十分缓慢的。比如，当股票收入不佳的公告出现后，保守的投资者并不会立即卖出股票，因为他们仍然坚持对这只股票的既有的利好预测。一般来说，只有当他们遭受一定损失后，才会决定卖出股票。

第三，保守性偏差与人们处理新信息时遇到的困难有关。因为在面对大量的数据和复杂的信息时，投资者常常会感到迷茫，故不能迅速地做出决策。这样，坚持既有的观点，放弃对新信息的分析和利用，就是一个很自然的选择。

《新唐书·卢承庆传》中记载，"承庆典选校百官，有一官督漕运，遭风失米，承庆考之曰：'监运损粮，考中下。'其人容色自若，无言而退。承庆重其雅量，改注曰：'非力所及，考中中。'既无喜容，亦无愧词。承庆嘉之，又改曰：'宠辱不惊，考中上。'"意思是说，卢承庆负责给百官评定等级，有一位官员督运官粮遇风沉船，卢承庆考定为"监督漕运却损失粮食，评为中下级"，那人脸色自若，不加辩解就退下了。卢承庆欣赏其气度宽宏，改批注为"天灾不是靠个人的力量所能避免的，评为中中级"，那人依旧没有任何情绪变化。卢承庆对他很是嘉许，又改批注为："宠辱不惊，评为中上级。"

这个故事说明，在对人待物时切忌保守性偏差，固守己见，而是要随着事物的变化及时进行调整，将得失置之度外，避免先入为主。

五、坚持锚定效应，善始善终

1. 案例：波士顿烤鸡公司事件

美国波士顿烤鸡公司是一家特许连锁店，其烤鸡深受美国消费者和投资者的喜爱，因为其价格很有吸引力。在很多经销店中，一份 1/4 烤鸡、两块鸡翅和谷物套餐仅售 3.99 美元。

1993 年 11 月 8 日，波士顿烤鸡以 20 美元的发行价上市发行，共募集 160 万股。交易首日，股票以 45.25 美元的价格开盘，以 48.5 美元收盘，当日上涨了 142.5%，成为两年里首日表现最好的股票，并且在 1995—1996 年间，股价显著攀升。当时，很多购买波士顿烤鸡股票的人都信心十足，相信波士顿烤鸡股票会一直上涨下去，哪怕偶尔出现跌幅也只是暂时的现象。在 1996 年美国 NBC 电视台的肥皂剧《单身汉》

中,男主角的父亲描述他一生中的两大遗憾,一个是没有更多的时间陪伴儿子,另外一个就是没有投资波士顿烤鸡的股票。

然而,在经过 1995—1996 年的涨幅之后,波士顿烤鸡股票却开始急剧下跌,到 1997 年 11 月 10 日,其股票收盘价仅为 8.47 美元。1998 年 10 月 5 日,波士顿烤鸡公司宣布破产保护,关闭了全国的 178 家分店,其股票价格跌至每股 46.75 美分,是纳斯达克表现最差的 10 只股票之一,这也给无数持有波士顿烤鸡股票的人们留下了深深的遗憾。

2. 案例分析

在波士顿烤鸡公司事件中,是什么使得投资者在该股刚上市时就对之抱以如此乐观的态度?他们是否受到了锚定效应的影响?其实,之所以波士顿烤鸡股票前期会一直攀升,是与以下三方面因素密切相关的。

(1)波士顿烤鸡公司的承销商是美林公司。

当年,美林公司也承销了室内运动场操作商探索地带和高尔夫俱乐部制造商卡拉维高尔夫,这两家公司都在交易首日创造了最高涨幅,前者首日上涨了 61%,后者上涨了 62%。分析师认为波士顿烤鸡的上市也应该是热卖市场,因为一些小投资者已经通过购买前两种股票获得了利润。另外,后悔规避心理也起着重要作用。我们注意到,探索地带在发行首日上涨了 61%,考虑一个投资者已经错过了购买探索地带的股票,如果他继续错过购买波士顿烤鸡的股票,且该股票在首日也大幅度上涨,那么设想一下,他的感觉是怎样的呢?很显然,他会感到十分后悔。因此,为了避免这种感觉,投资者很可能在发行首日购买波士顿烤鸡股票。

(2)波士顿烤鸡公司发行的股票数量比较少。

波士顿烤鸡公司发行的股票少于200万股，仅占总股本的10%。投资者对股票的需求在发行价格上大大地高于供给数量，这也导致首日价格上涨。并且，在股票发行初期股价的上涨，使得投资者们根据锚定效应，认为该股票的股价会持续上浮。

（3）波士顿烤鸡公司的主席曾是百视达娱乐公司主席。

当时百视达（一家影碟出租连锁店）取得了巨大成功，所以，投资者有足够的信心期待波士顿烤鸡也会取得成功。值得注意的是，波士顿烤鸡的原始股东并没有从首日股价的上涨中获利。在考虑到美林银行收取7%的承销费以及相关的上市费用后，这些股东实际得到的甚至低于发行价格，因为比起在更高的价位上发行新股，他们必须出让更多的公司股份，也就是说，原始股东的所有权得到了稀释。

3. 智慧分析

当人们对未知事件进行估计时，他们的判断和决策容易受到其他因素的影响。一个常见的现象就是锚定效应，即最初获得的信息制约着人们对事件的估计。在估计的过程中，人们通常是根据最初的信息，而不是最新的信息来进行分析和调整的，而且这种调整也常常是不充分的，这就导致估计值与真实值的偏离。

托维斯基和卡尼曼（1974）曾经做了一个关于锚定效应的实验。在这个实验中，受试者需要回答一个问题："在联合国中，非洲国家所占的比例是多少？"在受试者思考问题的同时，一个幸运轮盘在他们的面前转动。在这个轮盘上，从0到100刻有101个数字。很显然，最终轮盘会停到哪一个数字，与这一问题的答案没有丝毫关系。首先，受试者需要回答，他们的答案是高于还是低于轮盘停到的数字，然后，受试者

第五章　基于国学智慧的行为金融案例分析

说出他们的答案。实验的结果表明，受试者的答案严重地受到幸运轮盘的影响。比如，看到幸运轮盘停到数字 10 的一组受试者，他们的平均答案是 25%；而看到幸运轮盘停到数字 65 的一组受试者，他们的平均答案是 45%。

在现实的股票市场中，当缺乏明确的信息时，过去的股票价格会对股票价格未来走势的预测产生锚定效应。比如，作为价格指数，道琼斯工业平均指数（Dow Jones Industrial Average，DJIA）排除了红利再投资。在一次基金管理者的会议上，斯塔曼和费雪（1998）提出了这样一个问题："1896 年 DJIA 是 40 点，1998 年底已经达到了 9181.43 点。那么，如果考虑红利再投资的话，到 1998 年底 DJIA 会达到多少点？"在这次会议上，所有基金管理者的最高估计是 9181.43 点的 2 倍或者 3 倍。然而实际上，真实的数值超过 652230.87 点。可见，1998 年 DJIA 的实际水平对人们的估计产生了锚定效应。

投资者对于市场的预测往往与当前的水平相当接近。比如，如果当前的 DJIA 是 10500 点，那么投资者可能会预测，一年后的 DJIA 在 10000 点和 11000 点之间波动。然而历史数据表明，DJIA 的波动范围一般要大于这一区间，换句话说，投资者预测的波动区间常常比真实区间更为狭窄。

另外，即使金融市场中出现了一些与股票相关的新的信息，投资者仍然会坚持对股票的原有估计。比如，假定投资者已经知道了公司明年的预期收入是每股 2 美元，即使接下来公司面临一些困难并发生负的收入意外，投资者也不会调整原有的估计，因为他们的估计已经被"锚定"在 2 美元；同样，如果公司发生正的收入意外，投资者也不会对原有的估计进行及时的调整。

《道德经》第六十四章中说道："民之从事，常于几成而败之。慎终如始，则无败事。"意思是说，人们做事情，总是在快要成功时却遭受失败，所以当事情将要完成的时候，也必须像开始时那样慎重，如此就没有办不成的事情。就如同地里的庄稼一样，从播种、长苗、开花到结果，是一个完整的生命过程。但是，并非所有的庄稼都能完成这一完整的过程，有的只长苗而不开花，有的开花长穗却不结果。人生成长，亦如庄稼。有的人立了志向，却无行动，如长苗而不开花；有的人，立志并有了修行，却半途而废，似开花而无结果。唯有那些具有远大志向，积极行动，并且坚持到底的人，方能有所成就。

六、勿代表性偏差，见其本真

1. 案例：美国世界通信公司破产事件

美国世界通信公司（简称世通公司）的前身为长途电话折扣服务公司（IDDS），创始人埃伯斯，主营业务是从美国电话电报公司那里以低价购进长途电话服务，然后再以稍高的价格卖给普通消费者。20世纪80年代末90年代初，随着冷战结束和技术进步，美国的经济决策者和企业家逐渐放弃了经济大萧条所带来的谨慎和节制的心理，开始追求超高速增长和规模经济。埃伯斯就是其中的一个典型代表。他出身贫苦，但暗暗立下宏愿："要在最短的时间里，以最少的成本，创建速成企业集团。"尽管埃伯斯受教育程度不高，但是在创新和冒险精神的鼓舞下，他说服了许多小营运商与地方电话公司进行联合谈判，进行收购

第五章 基于国学智慧的行为金融案例分析

和兼并，实现规模经济，使得这家小小的地方电信企业飞速成长为仅次于美国电话电报公司的美国第二大长途电话公司。另外，世通公司在固定收益融资市场中也占有重要份额，其短期的运营资金主要是依靠发行公司债券和银行贷款。

自世通公司股票于 1989 年上市后，普遍乐观的金融市场为公司的发展提供了强劲的助力，投资者对世通股票一直保持较高的信心。在 2000 年前后出现互联网股票泡沫时，世通公司的股价曾高达每股 60 美元以上。而这里隐含的长期净利润增长率都在 20% 以上，最高竟然达到了 44.32%。

那么，20% 以上的长期净利润增长率是理性的预期吗？美国伊利诺伊州立大学的三位教授对美国 6825 家上市公司进行研究发现，在 1951—1997 年间每 10 年里，平均长期年净利润增长率在 20% 以上的公司只有 10%，而能够在 20 年、50 年或更长时间里保持净增长率在 20% 以上的公司基本上不存在。所以，世通公司持续如此高的股价是小概率事件，反映了投资者的非理性亢奋心理，也使之产生了代表性偏差。

1994 年世通公司以 25 亿美元收购了 WiTel，1995 年以 125 亿美元收购了 MFS，1996 年以 29 亿美元收购了 Brooks Fiber Pro，等等。1998 年，世通公司又以 370 亿美元收购了 MCI，创造了美国当时收购交易的历史纪录，达到了事业的顶峰。

然而，从 1997 年开始，一些基本面因素开始发生变化，比如美元开始走强、政府对市场价格的控制以及电信业进行微调等，这些都使美国电信业开始走向低迷，同时使世通公司面临着不可逾越的竞争。世通公司的主要业务之一长途电话服务的通道越来越分散化，而它并不拥有明显的技术优势和经济规模，互联网流量增长从1000%降到100%。融资环境也开始恶化，风险投资迅速萎缩。在这种情况下，世通公司决定收购美国第三大电信公司Sprint以重新获得垄断地位，但这项收购被美国政府否决。公司的股价开始走低，埃伯斯不断受到来自贷款银行的压力，要他弥补股价下跌带来的头寸亏空。

这样，世通公司不得不寻找新的出路。他们直接违反公认的会计准则，采用虚假记账的手段掩盖不断恶化的财务指标，虚构盈利以操纵股价。2001年其管理层将维护通信设施的经常性费用列为资本性支出，虚报了38亿美元的利润。消息一经传出，华尔街立即做出反应。世通公司的主要融资来源花旗银行、摩根大通和美洲银行等先后断绝了其流动资金来源，使其债权、股票和短期资金等都受到严重影响，而世通的供应商则不断要求公司预支货款，使其面临生死选择。2002年7月22日，总资产1070亿美元的世通公司正式申请破产，公司将裁员17000人。这也成为美国历史上最大的破产案。

2. 案例分析

世通公司的破产给美国经济带来了诸多负面影响。首先，破产造成众多债权银行有账难收。据报道，向世通公司贷款1亿美元以上的债权银行超过50家，全球所有著名的投资银行几乎都是世通公司的债主。其次，世通股票暴跌除了使机构投资者遭受重创，众多购买世通股票的中小股民更是血本无归。最后，世通公司破产事件深刻地影响了世界股市。以亚洲股市为例，世通公司造假丑闻曝光后，东京股市大跌4%，韩国主要股指下跌7.15%，新加坡股市下跌2.15%。

从这一美国历史上最大的破产案中可以分析得出，投资者的非理性预期主要来自以下几个因素。

（1）技术进步。微处理器和光纤技术的普遍使用和提升，提高了信息的流动效率，使成本费用大大降低，同时也创造了更大的需求。

（2）良好的融资环境。稳健的美元、经济增长的预期和政府的支持性政策等，都有利于电信行业得到持续性融资。

（3）电信业的放松管制。这使电信类公司面临的竞争加剧，开始升级基础设施，甚至开始在超常规增长和灭亡之间进行选择。

（4）互联网股票泡沫也引发了投资者对电信行业的投资热潮。

3. 智慧分析

像世通公司这样的电信业，是高投入、高科技的行业，是讲实力、严管理的行业。运营商只有实实在在地把握企业利润、主营业务增长率和负债率，才能在严酷的市场竞争中立于不败之地。而世通公司却弄虚作假，大肆进行股市概念炒作，一度使众多投资者产生代表性偏差，最终损失惨重。

代表性偏差是一种基于成见的判断。人们在进行判断时，常常关注于一个事物与另一个事物或者一个整体的相似性。如果它们相似，就把它们归为同一范畴，而并不利用概率统计等数理工具进行客观的分析和判断。

例如，先看这样一段论述："琳达31岁，单身，善于表达并且很聪明。她在大学时的专业是哲学。作为学生，她非常关心男女平等和种族歧视等方面的问题。"那么，琳达更可能是哪一种人：A.银行职员；B.热衷于女权运动的银行职员。

面对这样一个问题，很多人的选择是B。这是非理性的，因为简单的集合理论告诉我们，两个集合的交集不可能大于其中任何一个集合。从下图可以看出，选项 B 就是一个交集。因此，选择 B 的人就犯了代表性偏差的错误。很显然，银行职员比热衷于女权运动的银行职员更多。根据概率理论，应该选择 A。

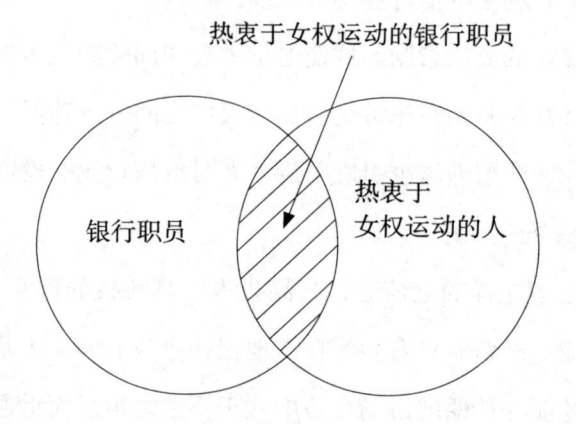

热衷于女权运动的银行职员

银行职员　　热衷于女权运动的人

代表性偏差的另一个重要的例子是赌徒谬误。经济学家有时把赌徒谬误称为"小数定律"。小数定律认为，统计学上的大数定律也同样适用于小样本。也就是说，人们对样本的规模不够敏感，认为小样本可以充分地概括整体。

比如，用手抛掷一枚质地均匀的硬币，其中，H 表示落地后硬币正面朝上，T 表示反面朝上。如果抛六次，那么下面哪一种结果更有可能发生：HTHTTH；HHHTTT。

很多人认为第一种结果更有可能发生，因为它看起来更像随机事件，更能代表一个整体。事实上，应用简单的概率理论，这两种结果发生的概率是一样的，即 0.5。

在金融市场中，小数定律会对投资者产生误导作用。比如，当评价

第五章 基于国学智慧的行为金融案例分析

基金经理人的业绩时，投资者常常只是考察前几季度或者前几年的投资数据。这样，由于数据不完整，投资者对基金经理人的评价就会存在偏差。另外，投资者在评价股票分析师的表现时，也会犯类似的错误，他们常常只是根据股票分析师的个别几次的投资建议，来推断整体的能力。

代表性偏差在金融市场中有很多表现。德邦特和塞勒认为，投资者往往对过去业绩不好的股票即输家股票表现得过于悲观，而对过去业绩好的股票即赢家股票表现得过于乐观。这种偏差导致股票的价格偏离基本价值。也就是说，业绩不好的股票被投资者低估，而业绩好的股票被高估。但是，这种错误定价不会长久持续下去，它会随着时间的推移被纠正。于是长期来看，业绩不好的股票的表现会高于市场的平均水平，而业绩好的股票的表现会低于市场的平均水平。

在《论语·卫灵公》中，孔子说过这样一句话："众恶之，必察焉；众好之，必察焉。"意思是说，如果大家都讨厌一个人，不要随便相信，必须亲自接触这个人，然后根据自己的实际接触进行判断。即便是大家都公认为好的，都喜爱他，也不要受蒙蔽，一定要仔细观察他。在现实生活中，我们难免会遇到一些突发的情况，这个时候一定要保持冷静，仔细观察，客观分析，不要人云亦云，先入为主。特别是在互联网社会，视频、音频、图文发达，传播速度快，有很多人会故意误导大家的判断力，所以我们一定要有反思的能力，要有了解事情真相的能力，不要听风就是雨，那么快就否定或者肯定一个人。

七、勿易得性偏差，韬光养晦

1. 案例：互联网股票泡沫

互联网股票泡沫，又称科技股或 .com 股票泡沫。1995—2001 年，在以美国为主的西方和亚洲多个国家和地区，与科技和新兴互联网相关的企业股票价格飞速上升。到 2000 年 3 月，在以科技股为主的纳斯达克综合指数（NASDAQ）飙升到 5048 点时，泡沫达到最高峰，这比一年前的两倍还多。接下来 NASDAQ 开始小幅下跌，但随之引发了抛售的连锁反应，仅仅六天时间就损失了将近 900 点，3 月 15 日跌至 4580 点。到 2001 年泡沫全速消退，大多数互联网公司停止了交易，有些甚至还没有盈利过，这最终导致 NASDAQ 和股票市场的大面积崩溃。

2. 案例分析

现在看来，这次互联网股票泡沫充分地反映了投资者的非理性心态。经济学家希勒认为"非理性繁荣"这一概念可以准确地描述这一心理。非理性繁荣是前美联储主席格林斯潘在 1996 年 12 月的一次晚宴中谈到美国金融资产价格泡沫时首次提出来的，他提醒投资者当前股市已经被炒到了一个难以维系的高度，股市可能会下跌或至少前景并不光明。

图 5-1 是从 1871 年 1 月—2008 年 8 月美国 S&P500 股票实际价格指数和实际收益情况。

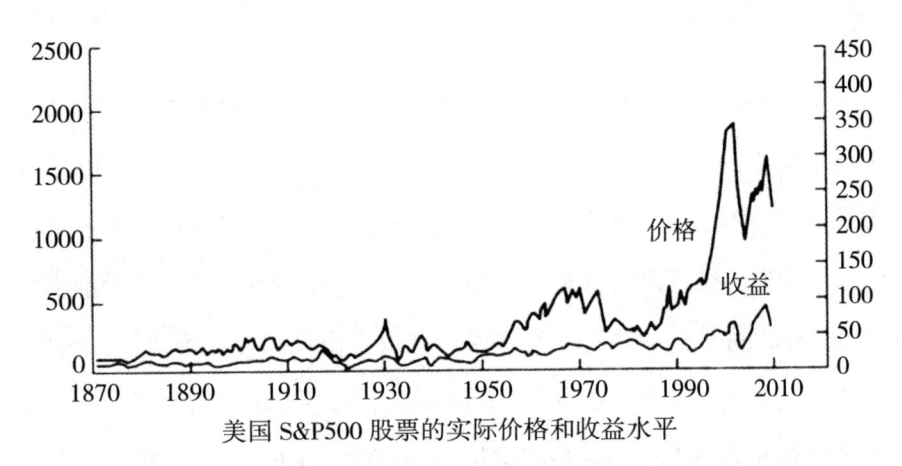

第五章 基于国学智慧的行为金融案例分析

图 5-1　美国 S&P500 股票的实际价格和收益水平

可以看出，在 20 世纪 90 年代末期，股票价格达到了空前的水平。考察同期的收益状况，也有较大幅度的上升。那么，图中的收益可以对如此高的股价进行解释吗？图 5-2 是 S&PS00 的实际市盈率水平，这表明投资者对每单位美元收益的支付意愿，即相对于收益的股票价格。

图 5-2　美国 S&PS00 股票相对于收益的实际价格水平

从 1860 年至今市盈率水平出现了几次高峰，1929 年 9 月市盈率达到了历史最高水平 32.6，但接下来出现暴跌，到 1932 年下降了大约 80%。此外，在 1901 年和 1966 年市盈率也出现了小范围内的最高值，但都伴随着下跌的调整。然而，1999 年 12 月却达到了史无前例的 44.2。与此同时，一些基本经济指标并没有出现同幅度的增长，比如，美国居民个人收入和 GDP 增长不到 30%，如不考虑通胀因素，这一数字还要降低近一半；企业利润增长不到 60%；美国 10 个主要城市的实际住房价格平均增长率仅为 9%。那么，当时的投资者是如何看待如此高的价格水平呢？大部分人认为，当今的高价仍然能够维持较长的一段时间，并有望继续攀升。因为，以互联网为代表的新经济已经来临，这是一项重要的技术进步，将大幅度地提高经济效率，并给未来的收益带来显著的增长。

经济学家认为股市的非理性繁荣和非理性增速主要有两个因素。一个因素是套利行为的有限性。卖空限制是套利者不能充分利用错误定价进行套利的重要原因，很多养老基金和互助基金管理者都被禁止进行卖空交易。另一个因素是投资者心态，当时牛市的一个显著特征是：投资者对股市高度乐观，且具有高度信心。值得一提的是，经济学家希勒自 1989 年起就一直致力于对投资者心态进行研究。在一份相关的调查问卷中，其问题为：如果道琼斯指数明天下降 3%，你认为后天的道琼斯指数将会怎样？请选择：①增长；②下降；③不变；④说不清。表 5-3 为问卷调查的统计结果。

表 5-3　问卷调查统计结果

选项	1999 年	1996 年	1989 年
增长	56%	46%	35%
下降	19%	24%	34%
不变	12%	18%	13%
说不清	13%	11%	18%

如表 5-3 所示，在 1999 年，认为道琼斯指数会上升的人数几乎是认为会下降的人数的将近 3 倍，而在 1996 年才不到 2 倍，1989 年人数基本持平。可以看出，在这 10 年间投资者的信心急剧增长，并且投资者认为股市一旦跌落，将迅速反弹。投资者的过度乐观心态通过正反馈机制在经济中得以放大。过去的价格增长增强了投资者的信心，形成了对价格进一步增长的预期，投资者就进一步提高价格并带来进一步的增长，这种循环不断进行下去，便形成了投机型泡沫。然而，这种泡沫不可能永久持续下去，当投资者对股票的需求停止时，价格就会停止增长，并带来股市的下跌，导致泡沫破灭。

3. 智慧分析

在日常生活中，当对某个事件进行判断和决策时，人们常常会根据自己回忆该事件的容易程度，来评估事件发生的频率或者概率。这种容易程度或者称为易得性，是与事件的显著特征和人们对事件的熟悉程度密切相关的。具有易得性偏差的投资者经常错误地认为，容易联想到的事件发生的概率，比难以联想到的事件发生的概率要高。这种易得性偏差也经常被称为"拇指法则"。

比如，遭到鲨鱼攻击致死和乘坐飞机从天空坠落致死，哪一个发生的可能性更大些？很多人认为，前者的可能性更大。然而事实上，尽管有些难以相信，后者发生的概率比前者的概率要大30多倍！这是因为，有人遭到鲨鱼攻击会给人们带来更大的恐慌，而且媒体也会对此进行大量的相关报道，所以人们更容易联想到这一恶性事件。可见，人们常常是根据获得信息的容易程度来判断事件发生的可能性，而忽视了对事件进行客观、全面的分析。

经济学家卡尼曼和托维斯基在1973年做了一个实验。他们向受试者提问："在一个随机抽取的英文文章中，字母K更有可能是某个单词的首字母还是第三个字母？"在152个受试者中，有105人认为，字母K更有可能是首字母。事实上，字母K是第三个字母的概率是字母K是首字母的2倍。这是因为，人们经常从第一个字母开始联想并检索，所以容易回忆起字母K为首字母的单词。

金融市场中的易得性偏差，主要受到以下几个因素影响。

（1）检索的难易程度。

投资者往往只是根据他们获得的信息来选择投资，而很少对投资选择进行客观和全面的分析。这些信息主要来源于投资分析师的建议、朋友的劝说、报纸、广告和互联网等。

（2）记忆类别。

投资者经常按照他们记忆中的类别来选择投资。如果在他们的记忆中有些类别是不容易被联想到的，那么就很有可能被忽略。比如，美国的投资者在选择境外投资时，很有可能会忽视某些国家的股票，即使这些股票很有吸引力。因为这些国家的股票不在他们的记忆类别中。

（3）经验的有限性。

投资者在选择股票时，常常受到有限的生活经历或者狭窄的生活空间的限制。他们选择的投资，经常局限于他们所在的行业、所生活的地区、所认识的人群等，比如高科技产业的投资者，可能认为只有投资在高科技领域才是有利可图的。

（4）协调性。

投资者在选择股票时，也会受到自身性格的影响。这与投资者的行为特征密切相关。比如，节俭的投资者可能不会投资于比较昂贵的股票，例如高 P/E 值股票。

易得性偏差是基于容易获得的信息来做判断的，在易得性偏差的影响下，人们往往只关注最容易看到的视角，而非事情的全部。因此，我们想避开易得性偏差的陷阱，就不能被一些容易得到的知识或信息所左右，而是要深入思考、反复质疑。《鬼谷子·抵巇第四》中说，"世无可抵，则深隐而待时；时有可抵，则为之谋。"审时度势是抵巇术的重要原则，这句话教导我们，平常在对某个人或某件事情进行判断时，一定要审时度势，不能不加调查就妄下定论。当没有机会的时候，就要静静地等待机会；当有机会的时候，就要仔细谋划，考虑周全再行动。

八、勿模糊厌恶，满招损、谦受益

1. 案例：美国长期资本管理公司破产事件

布莱克-斯科尔斯期权定价公式可以说是金融研究成果中对金融市场实践最有影响的理论。而创立和发展了这一理论的学者——布莱克、斯科尔斯和默顿，都并不满足于做"学术象牙塔"里的单纯学者，而是长期以多种方式与金融机构保持着密切联系。

1984年，布莱克由默顿引介加入高盛，成为高盛雇佣的首位"宽客"——为金融投资开发数学模型的人。布莱克的使命是给公司引入新的想法。在公司，他被认为是一位喜好真实金融应用的理论家；而在学术界，他又被认为是一位喜好理论分析的实践家。

斯科尔斯从1981年起一直在斯坦福大学任教，直到15年后退休。1990年，他作为特别顾问加入了所罗门兄弟公司，并成为衍生品部门的共同主管。而默顿则早在1988年就已经来到这家公司。

1993年，默顿离开所罗门兄弟公司，与同事麦利威瑟一起创办了长期资本管理公司（Long-Term Capital Management，简称LTCM），一年后斯科尔斯也加入进来。

LTCM的掌门人麦利威瑟被誉为能点石成金的"华尔街债券套利之父"，合伙人中除了默顿和斯科尔斯外，还有美国前财政部副部长及美联储副主席莫里斯、前所罗门兄弟债券交易部主管罗森菲尔德等业界精英，堪称"明星组合"。

LTCM把金融、通信和计算机技术相结合，设计投资模型和研究新的衍生品投资，进行全球金融市场范围内的固定收益套利。LTCM的投资策略很简洁，基本上是按照布莱克、斯科尔斯和默顿的期权定价理论来进行的。他们坚信市场是有效的，当市场发生不平衡时，最终一定会归于平衡。通过算出所有期权的正确价值，寻找被错误定价的资产，然后通过买卖获利。他们还发掘美国国债细微的收益率利差，通过杠杆化来提高获利能力，像巨大的真空吸尘器一样"不断地收集小钱"。他们

第五章 基于国学智慧的行为金融案例分析

的盈利点就是发掘市场中存在的不完美,将杠杆原理用到极致,将微小的利差放大成很高的利润。

1994—1997年间,LTCM实现了28%～59%的年度收益率和总计285%的惊人回报率。当时,LTCM与量子基金、老虎基金、欧米伽基金一起被称为"国际四大对冲基金"。

不过凡事总有两面性。由于LTCM的交易额如此巨大,足以影响市场价格,市场中的不完美不断地被发现,迅速被消除;此外,其他公司也同样采取了复杂数学交易模型和相似的操作策略,市场的模仿学习能力导致套利空间缩小,市场变得更加有效。1997年底,LTCM通过向投资者分红的方式实际返还了27亿美元,超过资产的1/3。

万象轮回,泰极而否。1998年8月,俄罗斯经济形势恶化,俄罗斯国债收益率变得异常高,美国国债则在正常水平下交易。LTCM的合伙人确信这种状况是不正常的,二者的利差会收窄。于是,他们买入俄罗斯国债,并卖空美国国债来对冲。但令他们始料不及的是,由于其他投资者担心俄罗斯形势会进一步恶化,纷纷抛售俄罗斯国债增持美国国债,导致二者收益率差继续扩大。雪上加霜的是,8月17日,俄罗斯宣布货币贬值,停止偿付高盛6个月前为其发行的卢布标价的国债,俄罗斯债券现券价格也随之暴跌。俄罗斯违约带动了一系列崩溃,全球利差都在扩大,大多数金融工具价格呈现平行移动,让分散化的风险分散效应变得无效。市场从未经历过如此局面,LTCM的模型自然也从未考虑过这样百年不遇的危机。

LTCM的总资产在1997年底为48亿美元,却向各金融机构借贷了近1250亿美元,杠杆率高达26倍。债券市场的崩盘导致LTCM净值急剧下跌，杠杆率更进一步提升至 55 倍。所谓"成也萧何，败也萧何"，曾经帮助 LTCM 赚得盆满钵满的高杠杆，如今成了促其灭亡的加速器。更可怕的是，他们签订了大量金融衍生工具合约，这些合约层层扩散，几乎涉及华尔街所有的金融机构。由于 LTCM 的投资组合出现巨亏，与之头寸类似的基金开始清空持仓，其他市场参与者则建立了可从该公司遭到强制清算时获利的头寸。LTCM 持有的数千个头寸是在不同银行完成的交易，这些交易对手只看到自己的风险暴露，不知道谁持有相反的头寸，加剧了市场恐慌。无数利用财务杠杆的企业被迫平仓，导致市场流动性枯竭，引发市场负面连锁反应。

美联储担心一旦交易链条断裂，将导致整个金融体系的崩溃，于是在 9 月 23 日，纽约联邦储备银行总裁召集 14 家领先的投资银行和商业银行开会，最终达成协议，组成联合财团向 LTCM 注资 36.25 亿美元，共同接管了 LTCM。

2. 案例分析

（1）LTCM 破产的原因。

模型风险。LTCM 用于风险管理的手段是 BS 模型和 VAR 模型。但是历史数据表明，金融数据的分布与正态分布相比存在"肥尾现象"。VAR 模型没有考虑流动性风险、主权债券违约风险等因素，所用的历史数据时间又比较短，因而低估了风险。压力测试计算出来的最坏情况下的损失为 30 亿美元，其他诸如流动性较差的交易并没有考虑进去。

相关性的改变。LTCM 认为不同市场上的不同交易是无关联的或关联极小的，因此只要将投资充分分散化，则波动率较小。依据历史数据，LTCM 在不同市场进行的交易关联性较小，一般在 0.1～0.3 之间。

流动性的问题。LTCM 的不少交易策略都是通过持有流动性差、安全性低的资产，同时出售市场青睐的流动性好的资产来进行的。LTCM 实则是利用其融资优势赚取流动性的溢价，是一个流动性的出售者，但当长期资本管理公司自身急需流动性时，却没有人能提供。

（2）LTCM 破产的启示。

投资市场中不存在百战百胜的法宝，任何分析方法与操作系统都有缺陷与误区。

第一，投机市场中不可能出现神话，任何人都会犯错误。LTCM 拥有世界上一流的债券运作高手麦利威瑟和罗森菲尔德、拥有世界上一流的科研天才默顿和斯科尔斯、拥有国际上一流的公关融资人才莫里斯，但依旧不能摆脱出错的可能。

第二，在投机市场上生存与发展，控制风险是永恒的主题，在存在杠杆的情况下更应如此。1998 年初，LTCM 拥有 40 多亿美元的资本，但它通过借贷所持有的资产，包括债券、股票、外汇及期货等，却达到了 1200 多亿美元。正是由于过高的杠杆比率使得 LTCM 在小概率事件面前损失惨重。所以控制风险是投资者应终生牢记的铁律。

3. 智慧分析

模糊厌恶是指，当人们在熟悉的事情和不熟悉的事情之间进行选择时，常常偏好熟悉的事情，回避不熟悉的事情。出于对未知的恐惧，人们不愿意面对不确定的形势。

"埃尔斯伯格悖论"就是一个模糊厌恶的典型例子。假定有一个坛子，坛子里面装有 90 个球。其中 30 个是红色的，剩下的 60 个是蓝色和绿色的，但是我们不知道蓝色球和绿色球的具体比例。受试者需要从坛子中盲选。游戏安排和回报如表 5-4 所示，受试者可以在四种游戏安排 F、G、F1 和 G1 之间进行选择。

表 5-4 游戏安排和回报

选择	每个球的回报		
	30 个球（红色）	60 个球（蓝色和绿色的比例未知）	
	红色	蓝色	绿色
F	100	0	0
G	0	100	0
F1	100	0	100
G1	0	100	100

首先，受试者需要在游戏 F 和 G 之间进行选择。很多人选择了 F。接下来，受试者需要在 F_1 和 G_1 之间进行选择。很多人选择了 C_1。下面，我们分别计算各种游戏安排的预期回报。具体来说，如果假定蓝球的数目是 m 个，那么，游戏 F 和 G 的预期回报分别如下。

$$E（F）= \frac{30}{90} + 0 \times \frac{m}{90} + 0 \times \frac{60-m}{90}$$

$$E（G）= 0 \times \frac{30}{90} + 100 \times \frac{m}{90} + 0 \times \frac{60-m}{90}$$

类似的，游戏 F_1 和 G_1 的预期回报分别如下。

$$E（F_1）= 100 \times \frac{30}{90} + 0 \times \frac{m}{90} + 100 \times \frac{60-m}{90}$$

$$E（G_1）= 0 \times \frac{30}{90} + 100 \times \frac{m}{90} + 100 \times \frac{60-m}{90}$$

可以得到：$E（F）- E（G）= E（F_1）- E（G_1）= 100 \times \frac{30}{90} - 100 \times \frac{m}{90}$

第五章 基于国学智慧的行为金融案例分析

如果预期效用理论成立的话，那么选择游戏 F 的人，也应该选择 F_1。然而，这与受试者的实际选择相矛盾。我们可以用模糊厌恶来解释这一矛盾。在游戏 F 和 G 之间，游戏 G 比 F 更加模糊，或者说更加具有不确定性。因为，对于游戏 F，即使我们不知道蓝球和绿球的具体比例，但是由于抽取这两种球的回报都是 0，我们仍然可以准确地计算出预期回报，也就是说，可以识别这种不确定性。但是，对于游戏 G，由于我们不知道蓝球和绿球的比例，我们不可能准确地计算出预期回报。同样，对于游戏 F_1 和 G_1 来说，游戏 F_1 比较模糊。因为对于 G_1，我们是可以计算出预期回报的，也就是说，可以识别不确定性。所以，这个实验反映了人们厌恶模糊的心理。人们更加偏好确定性的或者熟悉的事件。

模糊厌恶在现代金融学中的一个重要表现是本土偏差，即投资者常常将他们的大部分资金投资于本国或者本地区的股票，而不是像现代投资组合理论描述的那样进行分散化投资。比如，虽然美国股票市场的总市值占全球股票市场总市值的 45%。但是美国的投资者主要投资于本国的股票。同样，在英国和日本等国家，本国投资者都拥有大约 70%～90% 的本国股票。传统金融学试图用资本管制、汇率风险或者信息不对称等理论来解释这种现象，然而，随着世界经济一体化的发展，这种解释变得越来越站不住脚。而行为金融学理论认为，本土偏差源于人们的模糊厌恶，投资者更愿意投资于熟悉的股票，他们对本土市场的表现过度乐观。

我们再看 LTCM 的例子。在 1994—1997 年间，LTCM 创造了相当可观的税后收益，但是在 1998 年，该基金遭受了重大损失。于是，当年 9 月，纽约联邦储备银行发起了一个 3.6 亿美元的拯救 LTCM 的计划，因为他们担心 LTCM 的失败可能导致全球金融体系的崩溃。1998 年 11 月的《华尔街时报》的一篇文章，描述了在达成这一拯救计划后，与会者离开会议的情景。文章引用了时任美林证券董事长阿利森的一段话，充分说明了人们对于不确定事件的恐惧和模糊规避的心理。他说："正如他们提供的材料所述，他们现在需要考虑这样做是不是必需的。LTCM 的崩溃是不是真的会波及全球金融体系，这是一个很大的不确定事件，我们不值得跳到深渊里去查看它究竟有多深。"

人类之所以有别于动物，在于人类能勇于认识新事物，从中掌握到事物中蕴含的规律，并能利用所掌握的规律为人类的生产生活服务，所以"闻道"很重要。尽管我们在遇到各种各样的新事物时，从内心深处会有一种排斥、厌恶或者恐惧的心态，但如果陷入故步自封的境地，就会如清政府闭关锁国之后，落得个被列强欺辱的下场。因此，我们要抱着和《论语》中"朝闻道，夕死可矣"一样的心态，放下恐惧之心，不排斥和厌恶新事物，当领悟了生活的真谛、宇宙中的真理以后，纵然朝闻夕死，亦会觉得心满意足，不虚此生。

九、仰不愧于天，俯不怍于人

1. 案例：海尔"砸冰箱"事件

当改革开放的号角吹响在岛城（青岛市的别称）时，海尔开始了前进的步伐。

海尔当时的主打产品是冰箱，他们希望通过冰箱这个载体，不仅做

第五章 基于国学智慧的行为金融案例分析

冰箱,而是做海尔这个名牌,在这个环节中,海尔紧紧抓住质量与服务来满足消费者的需求。在这个阶段里,有一个广为人知的故事,即1985年的"砸冰箱"事件,它的主角就是大名鼎鼎的张瑞敏。

当时的海尔还叫青岛日用电器厂,在张瑞敏上任厂长之前,这是一家濒临破产的国营企业,生产一种名为"白鹤"的洗衣机,销路不佳。张瑞敏到来之前,曾一年内一连换了三任厂长,都无法将企业带出亏损泥潭。

1984年12月的一天,35岁的张瑞敏到任,迎接他的是臭气熏天的厂区、破烂不堪的土路,以及无组织无纪律的散漫工作状态。上任伊始,张瑞敏就使出浑身解数整顿生产秩序。他制定了13条规章制度,如不准在车间随地大小便、不准迟到早退、不准在工作时间喝酒、车间内不准吸烟、不准哄抢工厂物资等。有一名员工没把新厂长放在眼里,大摇大摆地扛走一箱原料,当天他就被开除了,从此无人再敢"作乱"。

张瑞敏调整经营策略,退出并不擅长的洗衣机领域,转而生产冰箱,还将厂名更为青岛电冰箱总厂。1985年的一天,工厂收到一位用户的来信,在信中,用户抱怨说自己攒了多年钱才买的冰箱上有道划痕。张瑞敏听说后,马上派人把库房里的400多台冰箱全部检查了一遍,发现共有76台存在各种各样的缺陷。张瑞敏把职工们叫到车间,问大家该怎么处理。多数人提出,反正不影响使用,索性便宜点处理给职工算了,退一步讲,这也是业内潜规则。当时一台冰箱的价格800多元,相当于一名职工两年的收入。而且那是一个供不应求的年代,被形容为"纸糊的冰箱也能卖出去"。

张瑞敏却说:"我要是允许把这76台冰箱卖了,就等于允许你们明天再生产760台这样的冰箱。"他宣布,要将这76台冰箱全部砸掉,"谁干的谁来砸",并抡起大锤亲手砸下了第一锤。很多职工在砸冰箱时都流下了眼泪。

面对此情此景,张瑞敏语气坚定地说:"过去大家没有质量意识,所以出了这起质量事故,这是我的责任。这次我的工资全部扣掉,一分不拿。今后再出现质量问题就是你们的责任,谁出质量问题就扣谁的工资。"

在许多海尔人看来,那锤子不仅砸在冰箱上,更砸在了海尔人心里。这个当时被不少人认为是败家的"砸冰箱"事件,却砸出了海尔员工"零缺陷"的质量意识,宣告了海尔全面质量管理的开始。其产生的效果是:1989年,当市场供大于求,冰箱纷纷降价时,海尔冰箱却不可思议地提价12%,而用户还排着队购买。

就这样,海尔从一家濒临破产的小企业,成长为享有世界声誉的企业集团。而海尔"砸冰箱"的管理案例,也被列入《环球企业家》推出的"影响中国当代商业史的15个决定",并且排在第一位。

2. 案例分析

海尔集团的企业精神是敬业报国、追求卓越。其中,敬业报国的核心就是中国传统文化中讲求的诚信。海尔就是要用最好的产品和服务诚信于消费者、诚信于社会、诚信于国家。这一企业精神是海尔人勤勉敬业、报效国家的体现。追求卓越的核心是创新。海尔文化以观念创新为先导、以战略创新为方向、以组织创新为保障、以技术创新为手段、以市场创新为目标,拒绝平庸,最终实现自我超越。同时,海尔集团深刻地意识到质量是产品的生命,信誉是企业的根本,产品合格不是标准,

第五章　基于国学智慧的行为金融案例分析

用户满意才是目的。营销不是"卖"而是"买",是通过销售产品的环节树立产品美誉度,"买"到用户忠诚的心。与此同时,海尔集团的工作作风也具有更高的价值取向。"迅速反应,马上行动",是海尔创造比较优势、冲击国际市场的速度利器,以跨越式赶超作为动力。张瑞敏在谈到企业速度的最终反映时,指出企业速度的外部表现是企业新产品开发、对市场的供应和满足消费者需求等方面,而内部表现则是企业内部每一个员工的工作效率。这一作风使海尔集团的每一个员工都时刻处在一个积极的工作状态上,以尽可能的高效率完成工作,创造出更多的成绩。

那么,海尔集团的企业文化是如何在实际工作中得到体现呢?

(1) 建立企业文化物化体系。

为了将企业精神和企业文化转化为文化表象,海尔建立了相应的企业文化物化体系,具体表现在规章制度、企业英雄、行为方式、企业仪式和企业标识等五个方面。比如在规章制度方面,明确昭示出企业允许和反对的个人和组织的行为,将价值观和原则有效地贯穿到日常的管理制度和流程中,这包括10/10原则和80/20原则。前者指企业中有10%的人工作成绩最优,10%的人工作成绩最差,通过用最优者的经验去帮助最差者,以提高整个团队的工作业绩;后者是指关键的少数制约着不那么关键的多数。从管理的角度来看,管理人员是关键的少数,而多数的员工是从属地位的。

(2) 企业文化管理。

海尔的文化管理是基于我国特有的民族文化传统和社会心理,从人的心理和行为特点入手,培养企业组织的共同情感、共同价值,以形成共同的文化,同时密切结合社会的现实,兼收并蓄、创新发展,把企业管理的软要素作为企业管理的中心环节，激发员工的自觉行为，最终达到全面提升管理效率的目的。

3. 智慧分析

后悔厌恶是指当意识到以前所做的决定是错误的时候，人们感到的心理上的痛苦。后悔是对自己能力的怀疑，使人们感到要为损失承担责任，所以后悔比损失更让人感到痛苦。后悔的程度与人们做决定时的责任感密切相关。

假设有一个人，他一直以来都走同一条路线上班。有一天，他换了新的路线，然而不幸的是他遇到了交通事故。尽管事实上他在两条路线上遇到交通事故的概率是一样的，但是他仍然会感到后悔；"早知道如此，我就走原来的路线了。"很显然，后悔厌恶会影响人们的决策。后悔厌恶的人们不会有强烈的多样化偏好，而愿意墨守成规，以使后悔达到最小化。

在金融市场中，后悔厌恶主要表现如下。

（1）在进行投资选择时，后悔厌恶的投资者比较保守。比如，过去遭受损失的投资者不敢去尝试新的大胆的投资，而只接受一些低风险的投资组合，这就导致他们的长期业绩不佳，从而不利于投资目标的实现。

（2）后悔厌恶的投资者会远离最近表现不佳的市场。因为如果他们选择投资，而市场的业绩持续低迷，那么投资者就会为自己的选择感到非常后悔。

（3）后悔厌恶也会导致金融市场中的"羊群行为"的产生。与其他投资者保持一致，并做相同的投资决策，会减少人们在遭受损失时所感到的痛苦。因为在这种情况下,投资者对错误决定的责任感会相对减少。

(4)一方面,后悔厌恶的投资者可能会长期持有业绩欠佳的股票。因为一旦投资者卖出股票,他就可能遭受损失,这就意味着他承认了自己投资的失败,于是,投资者往往具有"扳平症",即当股票价格下跌时,投资者不愿意卖出股票,而期待价格会上涨。另一方面,后悔厌恶的投资者也可能长期持有业绩不错的股票。因为投资者总是担心,过早地卖出股票会失去未来价格继续上涨的机会。

(5)后悔厌恶的投资者愿意通过红利而不是卖出股票来获得用于消费的资金。因为对于那些已经卖出股票的投资者来说,如果发现不久后这只股票的价格上涨,他就会感到相当后悔。

人生在世,总会有很多让自己后悔的事情,给身心造成很大的痛苦,但与其沉溺于无限的悔恨和痛苦中,倒不如从悔恨和痛苦中站起来,重新树立生活的信心。在《论语》中,子贡曰:"君子之过也,如日月之食焉。过也,人皆见之;更也,人皆仰之。"意思是说,君子的过错,如同日食和月食,他犯了过错,所有人都看得见;他改正了错误,所有人都仰望着他。是人都会犯错,错了怎么办?改!改错是人的高贵品性,令人敬仰。

张瑞敏带头砸冰箱的故事,就体现了他不甘于墨守成规而敢于破立的企业家精神,对于出现的问题毫不犹豫,痛下"杀手",不给自己留下一点后悔。"只有砸得心里流血,才能长点记性",这一"砸",将"零缺陷"的质量意识,砸进了海尔成长的基因中。

十、跳出框架看偏差行为

1. 案例：麦道夫的"庞氏骗局"

（1）庞氏骗局。

1918年11月11日，德国战败，停战协定签署，第一次世界大战结束了。美国开始进入11年的柯立芝–胡佛繁荣期，直到1929年11月13日股市大崩溃。1920年，广播电台开始进入美国人的生活，体育运动也成为美国人痴迷的爱好，当时，还有一种新游戏开始风靡美国，这就是中国的麻将。在经济复苏的背景下，老百姓的投资情绪逐渐高涨。

你愿意投资美元期票吗？如果该期票许诺每90天的收益是50%，你愿意吗？1920年的一天，很多美国人第一次听说一个叫查尔斯·庞兹的人，人们非常怀疑这个背景不明的意大利移民，他能够实现这么不可思议的收益吗？

庞兹发现，在一些欧洲国家用1美分买进的邮政回信礼券（一种在其他国家使用的邮资预付的邮票），在美国可以兑换成6美分的邮票。卖出这些邮票，就可以轻松获得500%的利润！因此，他急于通过发行期票来融资，同时也给投资者以丰厚的回报。

他宣称已在欧洲请人购买邮政礼券，这个诱人的期票使庞兹成为家喻户晓的人物，人们觉得机会难得、机不可失，于是钱迅速地流向他的证券交易公司，起初似涓涓细流，很快就像滔滔大河。到了1920年7月，庞兹一个星期就收到了100万美元，员工们只好把钱堆在储藏室和办公室的抽屉里，庞兹从中取出一点，在列克星敦的富人区买了一栋价值3万美元的豪华别墅，他同时还购买了汉华信托银行的大量股份，成为控股股东，而仅仅在一年前，这家新成立的银行还拒绝贷款给他。

庞兹在报纸上成功地演绎了一部典型的美国创业故事：移民到美国，努力工作，最后发现成功的机遇并且抓住了它。实际情况是，庞兹到了美国没多久，就被直接转移到加拿大，在那里蹲了20个月的班房，罪名是参与一宗汇款诈骗案。出狱刚10天，他又参与了贩卖5名意大利人到美国，这一举动使得他又被判了两年监禁。

庞兹隐瞒的不仅仅是这些牢狱经历，更关键的是他的邮政礼券套利计划根本行不通。原因很简单，不是所有人都可以买到足够多的邮政回信礼券兑换成邮票，再卖出邮票完成赚钱计划的。每年发行的所有回信礼券也就是75000美元，1919年甚至只有58560美元，根本不可能支付每个月上百万美元投资的利息。

《波士顿环球时报》的一名记者经过调查研究，于1920年7月17日发表了一篇文章，对该计划的可行性提出了一些问题。这篇文章给庞兹的办公室带来第一波围攻风潮，最后他不得不报警来驱散人群。但没有人能够控告庞兹，因为到目前为止他如实地按照期票上的约定，按期支付了所有的利息。

与此同时，《波士顿环球时报》继续深入追击，8月2日的文章才是真正具有爆炸性的：不仅套利计划不可行，而且庞兹还有犯罪前科，文章还配发了庞兹在监狱的头像。庞兹在那天早晨看到这篇文章后，立刻跑到银行取走200万美元，躲进位于萨拉托加温泉疗养胜地的美国大酒店。

实际的审判对庞兹不利。法庭揭露的一件事实是，庞兹融到的资金足足可以购买1.8亿邮政礼券。法庭发现庞兹的唯一商务活动是45美元的税务收据，那是持有5份电话公司股票的红利。庞兹最后被判在联邦监狱服刑5年，三年半后，他又被马萨诸塞州地方当局判定有罪入狱。

出狱后，庞兹又干了几件类似的勾当，因而蹲了更长时间的监狱。1934年，庞兹被遣送回意大利。1949年，庞兹在巴西的一个慈善堂去世，死去时，这个"庞氏骗局"的发明人几乎身无分文。

（2）麦道夫的"庞氏骗局"。

2009年6月29日，美国华尔街传奇人物、纳斯达克前董事会主席伯纳德·麦道夫，因受指控通过"庞氏骗局"操纵对冲基金使投资者损失约500亿美元，涉嫌欺诈被纽约联邦法院判处入狱150年监禁。这位长期与巴菲特齐名的"超五星级"金融人物既创造了金融神话，也制造了美国历史上数额最大的诈骗案。

麦道夫于1938年出生在纽约皇后区一个犹太人家庭。1960年从法学院毕业后的他拿着自己在海滩上做救生员赚来的5000美元创立了伯纳德·麦道夫投资证券公司，从此一路拼搏，坐上纳斯达克交易所主席的交椅，成为一个头顶光环、受人尊敬的金融投机家，这也是上当受骗者对麦道夫深信不疑的理由。

1990年，功成名就的麦道夫精心设计了一个巨大的"庞氏骗局"，以稳固的高投资回报率使自己再次成为华尔街的传奇人物。直至2008年10月，他还被列为纳斯达克第23大投资经销商，负责为客户提供证券买卖的最佳报偿，每天经手5000万股，经管的资产总额达171亿元之巨。但2008年12月初当有客户提出要赎回70亿美元现金时,"庞氏骗局"露馅,游戏结束。

在案发前,人们信任麦道夫,麦道夫也没有让他们失望;他们交给麦道夫的资金,都能取得每月1%的固定回报,这是非常令人难以置信的回报率。但事实上,麦道夫并没有创造财富,而是创造了别人对他拥有财富的印象。顾客们并不知道,他们可观的回报是来自自己和其他顾客的本金——只要没有人要求拿回本金,秘密就不会被拆穿。截至2008年11月30日,麦道夫的公司账户内共有4800个投资者账户,这些受骗的投资者包括对冲基金、犹太人慈善组织以及世界各地的投资者。

2008年12月初,麦道夫向儿子透露,客户要求赎回70亿美元投资,令他出现资金周转问题。12月9日,麦道夫突然表示提早发放红利。12月10日,麦道夫向儿子坦白称,其实自己一无所有,而是炮制了一个巨型金字塔层压式的"庞氏骗局",用高额回报引诱投资者,同时用后来投资者的资金偿付前期投资者,前后共诈骗客户500亿美元。10日晚,麦道夫被儿子告发。11日,麦道夫被捕。2009年6月29日,纽约联邦法院判处麦道夫150年有期徒刑,同时判决没收麦道夫约1700亿美元财产。

2. 案例分析

(1)麦道夫"庞氏骗局"得手的原因。

第一,金融监管部门失职。

美国金融监管部门由三级监管体系构成:政府部门、行业协会和交易所。美国实行联邦制,各州有自己的议会和立法权。从形式上看,美国的整个金融监管体制是一种双层多头监管体制。双层是指联邦政府和州政府都对金融系统拥有监管权力；多头是指除了美国联邦储备委员会作为总监管者外，金融服务业内部的各行业分别由不同的监管部门进行监管。多头监管既存在监管重叠，又存在监管真空。在麦道夫欺诈案中，案发不是来源于监管执法部门的常规稽查，而是麦道夫儿子的"大义灭亲"。麦道夫公司经营业务长期未经证管会惯例检查，麦道夫公司除了股票经纪和投资顾问业务之外，还运营着一个资金管理部门，该部门的客户就包括欺诈案中涉及的对冲基金等，而这项业务从来没有按规定在证管会注册。在过去10多年间，不少业内人士、媒体记者对麦道夫的投资奇迹曾提出过质疑，甚至向证管会举报过，都未能促成对其调查。

第二，信息披露制度存在缺陷。

联邦调查局的起诉书显示，麦道夫公司的资产管理部门和交易部门分别在不同楼层办公。麦道夫对公司财务状况一直秘而不宣，而投资顾问业务的所有账目、文件都被麦道夫锁在保险箱里。根据证券法律法规，完全、真实、明白无误的信息披露，是证券法律的基本原则，获得充分的信息也是投资者的基本权利。2008年1月上报的数据显示，麦道夫所营运的咨询业务的规模高达171亿美元，如此庞大的投资额都是被其月增长1%~2%、10多年直线上升的高盈利吸引而来。在经济不景气时期，他却能做到逆市扩张，原因被其解释为"内部消息"。证券市场是信息的博弈市场，投资者希望凭借信息优势获得商业先机。麦道夫就是利用人们的投机心理，营造神秘氛围，欺骗了众多投资者。

第三，麦道夫欺骗手段独特。

麦道夫拥有两家公司，一家是从事证券经纪业务的证券公司，另一家则是投资咨询的对冲基金，其对冲基金在2006年9月首次向美国证券交易委员会（SEC）注册。麦道夫从不接受投资者主动上门，只是邀请客户加入而且进入门槛很高。他善于以"神秘的魅力和排他的方式"引诱受害者上钩，采取"非邀勿进"的办法吸收投资客户，利用朋友、家人和生意伙伴发展下线，并付给成功引资者高额的佣金，激励发展更多下线。麦道夫的高明之处还在于使生财之道看上去似是而非，又仿佛切实可行，辅之以稳定的超额回报，能够有效地欺骗一般投资者甚至专业投资者，其骗术的欺骗性和隐蔽性也造成了监管追查的困难。

第四，内部治理机制缺失。

美国公司实施的是单层式公司治理模式，通过董事会和经理层的相互制衡来确保股东利益最大化的实现。其中，独立董事制度和各种专门委员会确保了公司决策的科学性和公正性。麦道夫所掌控的对冲基金属于契约型基金，公司内部不存在董事会和各种委员会，表明内部治理机制总体处于缺失状态。公司的所有交易均为麦道夫一人专断，管理资产并同时汇报资产的情况，公司的资产管理和托管并未分开，本身已违背交易和汇报分离的基本原则。同时，麦道夫公司常年使用与其规模不匹配的会计师事务所，从不向客户披露基本的投资信息。

（2）麦道夫"庞氏骗局"的启示。

第一，构筑完善的金融监管体系。

1933年，受金融危机影响，美国建立了防火墙制度。但随着1988

年金融自由化浪潮的发展，金融市场与商业银行间的防火墙被拆除，美国开始实行混业经营，多头金融监管体系复杂导致监管真空地带出现，风险交叉传递。麦道夫骗局暴露了美国证券市场的监管漏洞，同时也为我国证券市场的监管敲响了警钟。有鉴于此，我们应加强各金融监管部门的沟通和协调，以便提高监管效率，避免出现监管漏洞；更应加强对投资理财产品，尤其是金融创新产品的市场评价与监管，以便投资者能够核实投资策略获利渠道或交易方式；此外，还需加强专业审计机构对投资理财产品运作情况的审计管理，确保向监管机构和投资者提供公正的审计报告。

第二，强制完善信息披露制度。

麦道夫"庞氏骗局"的得逞，证明信息披露制度虽然日趋完善，却未得到投资者和监管层的充分重视。信息披露制度的理论基础是强制性，信息披露能在相当程度上解决证券市场中的逆向选择问题，从而纠正证券偏差，最终促进资本的有效配置。真实、充分、及时地披露相关信息是投资者进行理性投资决策的先决条件，坚持信息披露制度，并非仅仅是立法者的职责，更应深入投资者之心，并应建立相应的制度，使之得到律师事务所、会计师事务所、证券评级机构等中间力量的配合与支持，从而在相当程度上解决证券市场中的逆向选择问题，为最终促进资本的有效配置提供有力保障。

第三，强化内部治理机制建设。

内部治理机制是否完善对于金融机构而言十分关键，以基金公司为例，内部治理机制总体处于缺失状态，便无法确保基金决策的科学性和公正性，无法保障投资者的利益，这就要求建立独立董事制度和各种专门委员会；在投资管理方面要遵循交易和汇报分离的基本原则，充分保证审计部门的独立性，同时要选择与自身规模相匹配的审计部门进行审计；另外，要完善证券机构的内部控制管理，加强证券机构自身的监管能力与风险控制能力，从根源上杜绝欺诈事件发生。

第四，政府应确保金融市场安全。

麦道夫欺诈案发原因不是来源于监管执法部门的常规稽查，而是麦道夫儿子的"大义灭亲"之举。由此可见，在金融市场中，市场行为与政府行为并不存在先验的真理性比例标准。麦道夫欺诈案虽然显示了政府监管的缺陷与漏洞，但并不意味着可以废除或取消监管，而是需要改变监管的行为与方式，以完善的制度来提高监管的有效性。政府应确保金融市场安全：正视监管部门人力不足问题，为稽查部门配备充裕的人员；加强专业知识的培训，提高监管部门人员的素质；加强内部权力的制衡与监督，避免权力与资本的寻租交易。

第五，加强对投资者的风险教育。

一是投资者应学习和培养对投资的规律性认识。"庞氏骗局"存在大量反投资规律的漏洞，如低风险、高回报、几乎不受投资周期影响等。投资者经过细致甄别，是可以发现这些反常特征的。二是投资者应建立风险防范和管理意识。投资者应尽可能选择在监管机构监管下的合格理财机构进行投资。在投资之前，投资者对投资所面临的风险因素须加以有效识别、评估，并对风险加以分类，施以有效的风险管理手段。在风险爆发时，应及时保全证据材料和资金财产，避免招致更大的损失，或为今后的维权做好准备。

3. 智慧分析

框架偏差有时也被称为框架依赖或者心智账户，是指人们的判断或决策常常受到事件呈现或者描述方式的影响，当事件以不同的形式被表达出来时，人们做出的决策可能是不一样的。

例一：我们来看下面两条线段，哪一条更长一些？

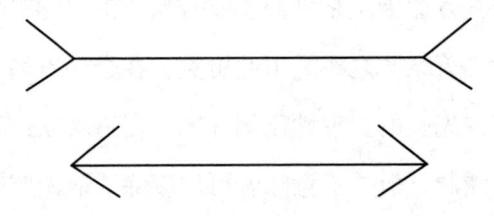

很多人会回答，上面的线段长。但是，如果用虚线把两条线段连接起来，我们就会发现，其实这两条线段是一样长的。可见，是图中的箭头让人们产生了视觉幻觉：向内的箭头使线段看起来长一些，而向外的箭头使线段看起来短一些。

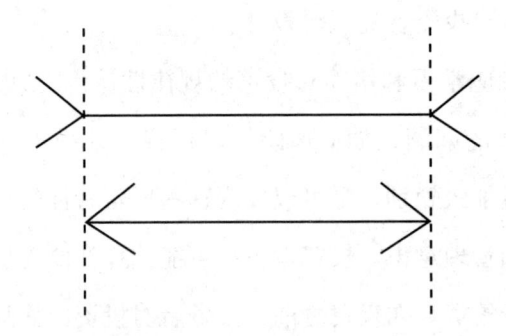

例二：请考虑下面两个问题。

第一个问题是，请在 A 和 B 之间进行选择。

A.25% 的概率盈利 240 美元，75% 的概率亏损 760 美元；

B.25% 的概率盈利 250 美元，75% 的概率亏损 750 美元。

第五章 基于国学智慧的行为金融案例分析

在选项 A 和 B 之间,基本上所有人的都会选择 B。因为,选项 B 可以使投资者以相同的概率获得较高的盈利,并以相同的概率遭受较少的亏损。

第二个问题是,请同时做出下面的决策,在每个决策中分别进行选择。

决策一:

C.100% 的概率盈利 240 美元;

D.25% 的概率盈利 1000 美元,75% 的概率获得 0 美元。

决策二:

E.100% 的概率亏损 750 美元;

F.25% 的概率获得 0 美元,75% 的概率亏损 1000 美元。

在这两个决策中,大部分的人会分别选择 C 和 F。但是,如果把这两个决策相加总,就会发现:C 加 F 相当于问题一中的选项 A,而 D 加 E 相当于问题一中的选项 B。这样,在面对问题一和问题二时,人们的选择出现了矛盾。事实上,问题二是一个同步决策的事件。在这样的事件中,人们倾向于按照表达方式,将不同的决策区分开来,形成不同的心智账户,从而对判断和决策造成一定的影响。

在现实的金融市场中,框架偏差的主要表现如下。

(1)根据事件的表达方式,框架偏差可以分为正框架偏差和负框架偏差。比如,"服用这种药物之后,25% 的人可以存活",是一个正框架的陈述;反之,"服用这种药物之后,75% 的人会死亡",是一个负框架的陈述。正的框架和负的框架,可以看作是对事件乐观和悲观的表达方式。如果一个投资分析师以乐观的方式陈述投资建议,就会积极地引导人们的投资行为；而如果他以悲观的方式陈述投资建议，就会削减人们的投资热情。经济学家发现，在面对正框架的陈述时，投资者常常表现为风险回避；而在面对负框架的陈述时，投资者则常常表现为风险偏好。

（2）框架偏差的一个表现是享乐式编辑，即人们偏好一些框架甚于其他一些框架。享乐式编辑可以解释投资者对于现金股利的偏好。当股票的价格上涨时，投资者倾向于将股利和资本收益归入不同的心智账户，并区分对待；而当股票的价格下跌时，投资者倾向于将股利和资本损失归入同一个心智账户，并把股利看作是对资本损失的一种缓冲。

（3）框架偏差的另一个表现是狭窄框架，即人们只是关注事件的某个或者某几个方面，而忽视了对其他方面，有时甚至是很重要的方面的考察。狭窄框架会影响到决策的全面性和准确性。比如，如果长期投资者过度地关注短期的价格波动，就会导致他们交易过度，并遭受损失。

在金融市场中，框架偏差既体现在横截面方面，也体现在时间方面。

首先，从横截面方面来看，最简单的一种可能是，框架偏差体现了非消费的效用，比如后悔。如果投资者持有的股票价格下跌，他很可能会对投资于这只股票的行为感到后悔。如果把投资者的效用函数的定义域直接定义为金融财富的变化，或者持有股票的价值的变化，那么，这种后悔的感觉就会很自然地体现在效用函数中。另外一种可能是，当投资者仅仅关注与消费水平相关的效用时，他们是有限理性的。比如，如果投资者担心他们的消费会降低到某个水平之下，那么当考虑股票投资时，投资者就会把股票市场的风险与已经存在的风险例如劳动收入的风

第五章 基于国学智慧的行为金融案例分析

险结合起来,然后再计算出消费降低到这一水平之下的可能性。但是,这种计算是十分复杂的。所以,投资者倾向于仅仅关注股票市场中的收益和损失,而不关注所有财富的收益和损失。

其次,从时间方面来看,投资者也存在框架偏差。即使投资者的投资期限比较长,他们仍然会受到接受信息方式的影响,过度地关注于相对短期的金融资产的年度变化。塞勒、托维斯基、卡尼曼和施瓦兹在1997年做了下面的实验,以说明接受信息的方式可以影响投资者的决策。

在这个实验中,存在三组受试者。受试者被假定是一所较小规模的大学的全部资产的证券组合的管理者。第一组受试者可以观察到基金A和基金B的月度数据。事实上,基金A和B的收益分别来自与债券和股票的收益十分接近的正态分布,然而受试者并不知道这一信息。在观察到每一个月度数据后,受试者需要选择在下一个月中投资基金A和B在证券组合中的比例,然后,他们观察到下一个月的收益;再继续选择在接下来的月份中基金A和B的投资比例,然后观察到收益;依此类推。第二组受试者,与第一组受试者面对相同时间序列的收益数据,但是数据被整合为年度数据,即投资者不能观察到月度波动的数据,而只能观察到累积的年度收益。也就是说,在观察到每一个年度数据后,受试者需要选择下一年投资组合中基金A和B的比例,依此类推。第三组受试者与前两组受试者面对同样的数据,需要做出类似的决策,但是数据被整合为五年的数据。

在观察了200个月份的数据后,每一组受试者都需要选择一个最终的证券组合,从而在接下来的400个月份里进行投资。研究结果显示,第一组受试者对基金 B 的最终平均资产分配，低于第二组和第三组对该基金的平均资产分配。这一结果说明投资者存在框架偏差，信息的呈现形式影响了投资者对收益和损失的判断。一般来说，月度数据具有比较强的波动性，并表现出比较频繁的损失。由于第一组受试者观察到的是月度数据，如果把月度分布看作是框架的话，那么他们就会对股票投资感到谨慎，因此对股票的最终平均资产分配就会少些。

在《论语·雍也篇》中，宰我问曰："仁者，虽告之曰'井有仁焉'，其从之也？"子曰："何为其然也？君子可逝也，不可陷也；可欺也，不可罔也。"意思是，宰我问道："一个有仁德的人，如果别人告诉他'井里掉下一位仁人'，他是不是会跟着跳下去呢？"孔子说："为什么要这样做呢？君子可以到井边设法救人，而不让自己陷入井中；可以被人用正当的理由欺骗，但不可以被愚弄。"所以，当我们遇到一件"好事"时，一定要深知"天下没有免费的午餐"这个道理，从内心深处提高警惕，并且保持冷静，从自身的局限中跳脱出来，去观察和分析整个事件，最终做出正确的判断，切忌因一时头脑发热产生行为偏差，上当受骗。

十一、损失厌恶，诚信高于利润

1. 案例：安达信倒闭事件

安达信曾经是全球最大的咨询服务类公司，它凭借其在审计、税务和企业咨询等方面的专业技术和知识，向客户提供一体化的解决方案。安达信也曾经是全球最受尊敬的公司之一，被主要媒体及出版物评为

第五章 基于国学智慧的行为金融案例分析

"最适合工作的公司",并在有关客户满意度的调查中持续名列榜首。

安达信公司是由时任西北大学会计学教授的亚瑟·安德森1913年在美国芝加哥建立的。当时,会计师的工作主要局限于核对公司的资产负债表和收益表,但是安达信深信,一流的会计师事务所应该为企业提供一整套全方位的金融服务,这不仅仅包括最后对账务的审查,还要包括最初的把关和及时地提出建设性的金融报告,以解决管理上的日常问题。成立后不久,安达信就成为知名的会计师事务所。

在长达89年的辉煌历史中,安达信一直信奉"诚信高于利润"的传统。1914年,一家芝加哥铁路公司为了达到降低费用和提高收益的目的,要求安达信公司认可一笔有争议的交易。尽管当时公司缺少现金支付工资,但安德森坚决回绝了这一不合理要求,使公司失去了一个审计客户,数月后,该铁路公司就陷入了破产。安德森坚持:"即使倾芝加哥全城之财富,也难以诱我让步。"1915年,安达信要求一家轮船公司在公布资产负债表时,对一艘货轮沉没造成的成本进行披露,这是历史上一家会计师事务所首次要求这样的标准进行披露,以保证财务报表的准确性。这种专业化特色及对客户的严格标准使安达信赢得了最初的声誉。1918年,公司开始在美国扩张,1929年,成为美国全国性的会计师事务所。

1947年1月,安德森去世,由于其家族的所有权存在争议,公司险遭破产的厄运。1949—1964年,安达信在安德森的学生斯帕切克领导下,继续将全国各地的公司团结在一起,发扬"诚信高于利润"的传统,保护公众利益,使安达信得到了全球性发展,逐渐成为一家以审计和咨询为主要业务的公司。比如,1964年安达信曾指责伯利恒钢铁公司将其利润虚增64%；它还批评美国证券交易委员会（SEC）对公司假账监管不力。1954年，在安达信的帮助下，美国通用电气公司（GE）安装了第一台计算机，开始用电子系统处理工资核算业务，这标志着安达信咨询业务的开始。1978年，该公司以5.46亿美元的年收入成为全球最大的咨询服务类公司。20世纪80年代中期，会计行业的竞争使公司的审计业务呈下降趋势，事务所开始将注意力转向管理咨询。公司最终在1989年分拆成主营审计业务的安达信公司和主营咨询业务的安达信咨询公司。90年代中后期，审计同管理咨询间的收入差距逐步扩大，安达信咨询的收入增长远远超过安达信。按照两者间的财务安排，安达信咨询每年要向安达信支付2亿美元的利润，这使安达信咨询的合伙人感到不快。同时，对利润的追求又使安达信建立起自己的管理咨询部门，很显然这违反了双方的默契分工且形成了竞争。1997年，安达信咨询向设在巴黎的国际商会提出脱离安达信的要求，两者在违约金和名称等问题上持续出现争端，整个诉讼过程使安达信公司损失惨重。最终，安达信咨询更名为埃森哲，安达信保留"安达信咨询"的商标所有权，并获得了10亿美元的赔偿，但这与它提出的150亿美元的巨额赔偿相去甚远。事实上，在经历痛苦的分拆之后，安达信在全球五大会计师事务所的排名已经由第一降至最后。

在"诚信高于利润"的传统下，安达信坚持使用严格的会计标准，是会计行业正直和胜任的代名词，这也使安达信成为世界上最大和最受尊敬的专业服务公司之一。早在20世纪80年代，该公司就认识到了正规会计职业道德教育的重要性，举办了一系列会计职业道德培训，还资助大学教师进行从业道德的案例研究，这为会计行业职业道德的发展起

第五章 基于国学智慧的行为金融案例分析

了积极的推动作用。

但颇具讽刺意味的是,安达信从1993年起就接二连三地卷入多起会计丑闻。安达信的会计丑闻不断,且金额越来越大,究其原因在于企业文化的变化。面对行业间的竞争,对利润的追逐逐渐成为公司的首要目标,而"诚信高于利润"的准则逐渐被淡化。2001年,安达信美国审计业务的资深合伙人贝拉迪诺先生出任CEO。一位合伙人对贝拉迪诺评论道:"他总是以美元作为衡量业绩的标准,而从不讨论审计的质量和内容等问题。对审计业务中存在的利益冲突视而不见。他是我见过的对利润追求最激进的合伙人。"

在审计业务方面,留住审计客户尤其是大客户的重要性被凸显出来,违背大客户的意愿需要足够的勇气;另一方面,脱离安达信咨询后的安达信收入压力大增,进一步促使其开展咨询业务。以威斯特管理公司(WM公司)为例,1997年WM公司宣布其对1988—1997年财务报告进行调整,由此,安达信被处以700万美元的罚款,因为安达信既是WM公司的审计师,又为它提供管理咨询。WM公司将支付的审计费用封顶,而咨询费则随着咨询服务的增加而不断提高,在此期间,审计费用总计高达750万美元之多,咨询费用也远远超过1180万美元。正是这超高的咨询收入使审计师丧失了挑战管理者的勇气。SEC的调查显示,在WM公司与审计师发生分歧时,总是安达信的管理层做出让步。最终,WM公司于2002年1月破产,导致股东投资损失高达205亿美元。另外,亚利桑那洗礼者基金1999年11月宣告破产。按财务规定,2002年3月安达信承诺赔偿该基金2.17亿美元,这是当时五大会计师事务所的最高赔偿金额。但是后来又由于其保险公司已因这一赔偿而陷入破产，安达信宣布无法对该基金进行赔偿。而轰动一时的安然事件，也使安达信面临60多项来自投资者和养老基金的赔偿诉讼。这都给安达信公司造成重创。

利润开始成为安达信文化的主导因素，这就使失去诚信的安达信在安然事件的问题上出现了很多失误。在利润的驱使下，安达信认可了安然的许多特殊目的实体，比如控股的子公司。这些子公司成为安然虚报收益、隐瞒损失和表外融资的重要工具。另外还有，审计客户隐瞒重要信息，不愿变动客户公司的管理层；会计师事务所存在内部控制方面的制度缺陷，把审计合伙人置于质量控制合伙人之上；审计师对受托责任缺乏正确的理解，出现职业判断的偏差；等等。

在对安然事件调查中发现的一份备忘录显示，1999年12月芝加哥总部的合伙人巴斯曾向负责安然审计业务的合伙人邓肯提出质疑，要求调整关于一个名为LJM的特殊目的实体的会计处理，认为其交易活动有虚构之嫌。这一调整将使安然的报告收益减少3000万~5000万美元，但是遭到了邓肯的坚决否决。2001年3月4日，巴斯也曾质疑当时的CFO法斯特兼任安然控股子公司的恰当性，结果3月17日，巴斯被通知不再负责安然审计质量的监控工作。在SEC宣布对安然进行调查后，2001年10月，安达信休斯敦事务所竟然将几千份有关安然的档案自行销毁。尽管芝加哥总部指出，这是休斯敦事务所的个体行为，但此举震惊了整个金融机构。2001年初，公司将邓肯除名。2002年3月14日，美国司法部以妨碍调查的罪名对安达信销毁安然档案提起刑事诉讼。经过艰难的调查和辩护，6月15日，美国联邦法庭对安达信做出有罪判决。8月，安达信被迫停止上市公司的审计业务，正式退出了从事89年的审计业务。

2. 案例分析

安达信倒闭是现代商业的悲剧之一。安达信很早就为外部会计专业守则设下业界标准。从安达信的观点来看，其代表了公共服务及独立正直，能够最大程度地保障股东的利益及财务系统。许多安达信员工一辈子都待在这里，公司的企业文化强烈且一致，并以融入企业价值观的严谨培训系统与文化适应为后盾。

然而，在利益的驱使下，曾经是全球五大会计师事务所之一的安达信，帮助安然公司做假账，虚报盈利骗取投资者。在安然事件被调查的同时，仍然将与安然公司有关的文件进行销毁，不仅扮演了不光彩的角色，也使事务所失信于市场，最终导致灭顶之灾。安达信的失败，主要原因在于受到巨大利益的诱惑，丧失了信用这一赖以生存的根本。在安然事件之前，安达信就曾出现过审计上的失信问题，但每次都侥幸逃过了法律的制裁，正是由于安达信不断地在其审计业务上的"信用透支"，导致了它的最终覆灭。

老子曾说："知人者智，自知者明。胜人者有力，自胜者强。"意思是说，了解他人和了解自己都是智慧，了解自己比了解他人更胜一筹；战胜别人的只能说有力量，而能克服自身的缺点才是真正强大。在利益面前，安达信丧失了行业的基本准则——诚信，对自己的问题一再掩饰。作为世界知名会计师事务所的安达信拿信誉来做赌注，让人们对审计行业的职业道德产生了疑问，也对国际会计师事务所行业产生了巨大冲击。

3. 智慧分析

诚信，是一个人的基本品质，也是一个人的立足之本。如果一个人缺少了诚信，那么他将没有立足之地。在国学中，描述诚信的文字有很多，如《论语·为政》中说："人而无信，不知其可也。大车无輗，小车无軏，其何以行之哉？"意思是说，如果一个人不讲信用，那么他该怎么做人呢？就像大车没有辕，小车没有辕，该怎么行走呢？一言一行，皆是人品。人无信不立，肆意喊"狼来了"的人，终会"死于狼口"。

就如安达信最后舍弃诚信一心逐利那样，在日常生活中，人们都普遍厌恶遭受损失，相对于收益，人们对损失更加敏感。人们常常感到放弃某一物品所遭受的效用上的损失量，大于获得同一物品所得到的效用上的增加量。比如，如果我们买了一本书，并感到获得的效用增加了50，那么卖掉这本书，我们就会感到损失的效用并不是50，而是70、80甚至更多。经济学家发现，损失所带来的负效用是等量收益所带来的正效用的2.5倍。

在金融市场中，损失厌恶的一个主要表现是"扳平症"。由于不愿意放弃在这只股票上可能的盈利机会，或者希望将损失扳平，投资者往往会过长时间地持有已经遭受损失的股票。这样，投资者很可能将遭受更大的损失。

参考文献

[1] 章太炎. 国学讲义[M]. 北京：万卷出版公司，2015.

[2] 张岱年. 国学丛书[M]. 沈阳：辽宁教育出版社，1991.

[3] 胡道静. 国学大师论国学[M]. 上海：东方出版中心，1998.

[4] 赵旭东. 反思本土文化建构[M]. 北京：北京大学出版社，2003.

[5] 刘勰. 文心雕龙[M]. 北京：中华书局，2012.

[6] 范晔. 后汉书[M]. 西安：三秦出版社，2017.

[7] 张圣平. 偏好、信念、信息与证券价格[M]. 上海：上海人民出版社，2002.

[8] 西蒙. 管理决策新科学[M]. 李柱流，等译. 北京：中国社会科学出版社，1982.

[9] 饶育蕾，刘达锋. 行为金融学[M]. 上海：上海财经大学出版社，2003.

[10] 勒庞. 乌合之众：群体心理研究[M]. 亦言，译. 广州：广东人民出版社，2020.

[11] 麦基. 可怕的错觉：人人都会犯的致命错误[M]. 冯松，译. 北

京：新世界出版社，2011.

［12］马歇尔.经济学原理［M］.朱志泰，陈良璧，译.北京：商务印书馆，1964.

［13］薛求知，等.行为经济学——理论与应用［M］.上海：复旦大学出版社，2003.

［14］希勒.金融新秩序［M］.北京：中国人民大学出版社，2004.

［15］饶育蕾，盛虎.行为金融学［M］.北京：机械工业出版社，2010.

［16］赵学军.行为金融理论与投资策略选择［M］.北京：经济科学出版社，2002.

［17］费孝通.乡土中国、生育制度［M］.北京：北京大学出版社，2002.

［18］刘鹏生，刘建生，等.晋商研究［M］.太原：山西人民出版社，2005.

［19］张海涛，等.金融背后的风险［M］.北京：石油工业出版社，1999.

［20］冯和法.中国农村经济资料［M］.北京：华文出版社，1967.

［21］张杰.中国金融制度的结构与变迁［M］.北京：中国人民大学出版社，2001.

［22］邓乐平，皮天雷.次大国的金融博弈：中国模式及发展类别比较［M］.北京：中国金融出版社，2011.

［23］蔡昌.价值管理——增进现金流与提升企业价值［M］.深圳：海天出版社，2003.

［24］金永红，叶中行.价值评估［M］.北京：清华大学出版社，2003.

[25] 拉帕波特. 创造股东价值 [M]. 昆明：云南人民出版社，2002.

[26] 张新民. 企业财务状况质量分析理论研究 [M]. 北京：对外经济贸易大学出版社，2004.

[27] 李国旺. 国学与新行为金融学 [M]. 北京：中国金融出版社，2012.

[28] 徐浩萍. 中国上市公司股权再融资价值研究 [M]. 上海：复旦大学出版社，2007.

[29] 毛勇春. 市值管理方略 [M]. 上海：同济大学出版社，2012.

[30] 张家伦. 企业价值评估与创造 [M]. 北京：立信会计出版社，2005.

[31] 波特. 竞争战略 [M]. 陈小悦，译. 北京：华夏出版社，2005.

[32] 孙永祥. 公司治理结构：理论与实证研究 [M]. 上海：上海三联书店出版社，2003.

[33] 武巧珍. 中国中小企业融资 [M]. 北京：中国社会科学出版社，2007.

[34] 李武好. 中国经济发展中财政政策与货币政策 [M]. 北京：经济科学出版社，2001.

[35] 张向凤，周经，贾欣宇. 国际金融学 [M]. 南京：南京大学出版社，2018.

[36] 崔萍. 试论行为金融理论的发展和启示 [D]. 广州：暨南大学，2003.

[37] 杨波. 我国 A 股市场过度交易研究——基于过度自信与前景理论视角 [D]. 成都：西南民族大学，2016.

[38] 郭金龙. 金融复杂系统演进与金融发展[D]. 沈阳：辽宁大学，2006.

[39] 汪媛媛. 企业社会责任、声誉资本与并购价值创造的研究[D]. 北京：北京交通大学，2020.

[40] 柯腾敏. 市值管理背景下公司价值实现问题研究[D]. 厦门：集美大学，2017.

[41] 詹谨熙. 政府扶持中小企业的问题与对策研究[D]. 武汉：华中师范大学，2015.

[42] 王予婷. 我国中小企业强资政策支持的创新研究[D]. 天津：天津商业大学，2016.

[43] 李丹. 我国中小企业政策支持体系研究[D]. 天津：天津财经大学，2010.

[44] 黄静. 行为金融理论与投资策略应用研究[D]. 长春：吉林大学，2006.

[45] 冉易. 文化、行为选择与金融发展[D]. 成都：西南财经大学，2012.

[46] 文豪. 中国金融发展方式转变研究[D]. 沈阳：辽宁大学，2013.

[47] 刘绘芳. 中国传统金融文化当代传承发展研究[D]. 太原：山西财经大学，2016.

[48] 张宇丰. 制度供给与传统金融机构近代化——以山西票号与英格兰银行比较为例[D]. 太原：山西大学，2017.

[49] 焦璇. 企业并购价值创造影响因素研究[D]. 沈阳：辽宁大学，2012.

[50] 杨海文."大"体"新"用：大国学与新国学[N].中国社会科学院院报，2008-9-25.

[51] 宫立.王富仁与《新国学研究》[N].中华读书报，2019-05-15.

[52] 王存福.构建微型金融体系 助推小微企业发展[N].中国信息报，2012-11-22.

[53] 李宗桂.国学与时代精神[J].学术研究，2008（3）：21-32+159.

[54] 郝立忠.论现代化视野下的"国学"评价[J].齐鲁学刊，2013（2）：34-40.

[55] 杨慧，王纪波.交流互鉴与创新发展：中外文化交流历史脉络研究述评[J].昆明理工大学学报（社会科学版），2019（4）：94-103.

[56] 罗志田.难以区分的新旧：民初国学派别的异与同[J].四川大学学报（哲学社会科学版），2001（6）：99-107.

[57] 赵吉惠."国学"是历史文化现象[J].中国社会科学院研究生院学报，1996（3）：1-6.

[58] 王富仁."新国学"论纲（上）[J].社会科学战线，2005（1）：87-113.

[59] 吴维库.国学智慧与企业家学习[J].企业管理，2017（11）：37-39.

[60] 易璐.国学经典的哲学智慧及当代价值[J].黄冈师范学院学报，2014（1）：29-33.

[61] 景伟超.浅析国学中"天人合一"思想在现代企业管理中的应用[J].太原城市职业技术学院学报，2018（7）：34-35.

[62] 高蔷, 朱虹. 行为金融学与传统金融学的比较分析 [J]. 商业研究, 2005 (2): 25-27.

[63] 纪路, 牛芳. 走出理性误区: 行为金融理论对经典现代金融理论的挑战 [J]. 当代经济科学, 2000 (4): 84-87.

[64] 王少国. 传统金融发展理论的缺陷: 忽视结构分析 [J]. 学术交流, 2007 (8): 84-87.

[65] 王子涵. 现代金融学理论的缺陷与解决路径 [J]. 产业创新研究, 2019 (11): 107+143.

[66] 张乐. 标准金融学及其缺陷理论综述 [J]. 今日财富 (金融发展与监管), 2011 (9): 8.

[67] 尹建海. 行为金融学与标准金融学的对比分析 [J]. 山东大学学报 (哲学社会科学版), 2007 (4): 66-71.

[68] 宋玉臣. 现代金融学理论的缺陷与解决路径 [J]. 社会科学, 2012 (2): 50-58.

[69] 孔炜, 孔克勤. 行为金融学研究的崛起与新发展 [J]. 心理科学, 2004 (4): 997—999.

[70] 曾琪. 行为金融学理论探讨及其实际应用 [J]. 云南财贸学院学报 (社会科学版), 2007 (5): 87-88.

[71] 李心丹. 行为金融理论: 研究体系及展望 [J]. 金融研究, 2005 (1): 175-190.

[72] 杨蒙蒙. 行为金融学及其应用文献综述 [J]. 合作经济与科技, 2020 (19): 70-72.

[73] 暴龙. 关于行为金融学基本问题分析 [J]. 现代营销 (下旬刊),

2017（2）：96-97.

[74] 梁嘉伟. 浅谈行为金融学[J]. 纳税，2019（21）：297.

[75] 胡昌生，王峰. 投资者情绪与股票价格的过度波动性[J]. 珞珈管理评论，2008（2）：64-74.

[76] 张强，杨淑娥. 证券资产定价：现代金融理论与行为金融理论比较研究[J]. 现代经济探讨，2008（4）：29-32.

[77] 王曦，杨涛，王苗苗. 基于行为金融学的我国证券市场投资异象研究[J]. 时代金融，2020（24）：108-109.

[78] 樊玉红. 关于行为金融理论的局限性分析[J]. 金融教学与研究，2007（3）：19-20+66.

[79] 朱敏. 用行为金融学看金融世界[J]. 张江科技评论，2021（2）：29-31.

[80] 金博. 有效市场检验、行为金融学与资本市场异象[J]. 吉林金融研究，2021（3）：5-9.

[81] 张璐，王星宇. 关于行为金融学发展方向的初步探索[J]. 时代金融，2018（35）：229-230.

[82] 薛阳，杨秀萍. 行为金融学及其发展中的自我挑战[J]. 经济师，2007（3）：27-28.

[83] 李春，许娜. 行为金融学理论的形成发展及研究困难[J]. 时代金融，2007（11）：32-33.

[84] 黄少军. 行为金融理论的前沿发展[J]. 经济评论，2003（1）：101-105.

[85] 张云亭，张伟强. 从理性到心理：传统金融学与行为金融学的发

展渊源与内在逻辑[J].国际经济合作,2017(8):91-95.

[86]周亮,王银枝.中国股市低风险异象研究[J].金融理论与实践,2020(3):90-96.

[87]张元阳.金融发展、文化资本与经济增长[J].区域金融研究,2020(7):34-39.

[88]陈冠良,詹绍文.基于传统文化视角下我国金融文化建设的对策建议[J].大众文艺,2020(7):265-266.

[89]葛波军.基于中国古代传统文化对现代金融市场技术分析有效性的解释[J].时代金融,2017(3):282+288.

[90]王选庆.中国传统文化与现代金融管理:断裂与整合[J].金融理论与实践,2013(4):90-94.

[91]阎达五,耿建新,刘文鹏.我国上市公司配股融资行为的实证研究[J].会计研究,2001(9):21-27.

[92]周小春,李善民.并购价值创造的影响因素研究[J].管理世界,2008(5):134-143.

[93]王龙伟,李晓冬.联盟控制方式对企业突变创新影响的实证研究[J].科学研究,2015(5):792-800.

[94]张金清,刘烨.A股上市公司的股权再融资对价值创造的影响[J].管理科学学报,2010(9):47-54.

[95]宿玉海.行为金融理论对有效市场假说的反思[J].山东财政学院学报,2004(5):19-22.

[96]邓召明,范伟.我国证券市场融资效率实证研究[J].国际金融研究,2001(10):60-64.

[97] 陈建, 章华强. 企业并购的价值创造机理分析——基于资源竞争优势观 [J]. 江西社会科学, 2013 (1): 201-204.

[98] 张红云. 企业并购的价值创造分析 [J]. 会计之友（下旬刊）, 2007 (12): 66-68.

[99] 周子旋. 上市公司并购价值创造效应分析——以"宝万之争"为例 [J]. 广西经济管理干部学院学报, 2019 (2): 38-44.

[100] 吴腾华, 胡耀元. 建设高标准金融市场体系的基本内涵与对策建议 [J]. 广西社会科学, 2021 (5): 59-64.

[101] 王磊, 梁俊. 中国现代市场体系建设进程评价研究 [J]. 经济纵横, 2021 (2): 46-60.

[102] 张先治. 资产价值、价值创造与价值实现 [J]. 会计之友（下旬刊）, 2009 (4): 8-10.

[103] 杨根龙. 公司价值及其实现的思考 [J]. 经济问题, 2014 (12): 15-22.

[104] 李碧珍. 创意商品的价值构成与价值实现 [J]. 当代经济研究, 2007 (9): 27-30.

[105] 张峰磊, 李文勤, 张长江. IRM 对上市公司市值管理的影响研究——以江苏省为例 [J]. 财会通讯, 2016 (23): 31-33.

[106] 朱晓明. 企业金融管理的价值定位及策略选择 [J]. 经济管理文摘, 2021 (12): 18-19.

[107] 李享. 企业金融管理的价值定位及策略选择 [J]. 现代经济信息, 2019 (18): 267-268.

[108] 杨明杰. 推进管理模式转型 提升企业价值创造 [J]. 企业管理与

科技（上旬刊），2016（2）：1.

[109] 关崇福，吴艳峰，沈纪云，等．构建单元成本效益管理模式 促进企业价值创造能力提升［J］．创新世界周刊，2018（12）：58-63.

[110] 徐善衍．发挥政策导向性作用［J］．高科技与产业化，2005（Z1）：36.

[111] 丁建．疫情下金融助企策略［J］．中国储运，2021（6）：165-166.

[112] 刘尚希，孙喜宁．论财政政策的有效性——基于公共风险分析框架［J］．财政研究，2021（1）：10-13.

[113] 韩港平，者贵昌．我国货币政策影响因素分析——基于凯恩斯流动性偏好理论视角［J］．中国经贸导刊（中），2021（6）：52-53.

[114] 刘洋．浅析现代金融体系与构建"双循环"新发展格局［J］．商业经济，2021（6）：175-176.

[115] 刘志洋．论货币政策与金融体系稳定——宏观审慎视角［J］．武汉金融，2017（3）：31-36.

[116] 谢旭燕．中小企业发展现状及相关金融扶持政策研究［J］．中小企业管理与科技（上旬刊），2021（7）：99-100.

[117] 马赞军．我国中小企业信贷融资问题探析［J］．科技与管理，2008（4）：58-60+64.

[118] 孙喜宁．经济风险、公共风险与财政政策［J］．新经济，2021（6）：46-49.

[119] 叶文辉，楼东伟．中国财政政策的有效性分析——基于金融危机的背景［J］．山西财经大学学报，2010（5）：21-26+33.

［120］胡列格，许太衡，杨芳.长沙市现代物流发展政策导向性研究［J］.交通企业管理，2009（3）：62-63.

［121］王辰.政策性金融与产业政策导向［J］.上海金融，1998（8）：12-14.

［122］Holmstrom B, Weiss L.Managerial Incentives, Investment and Aggregate Implications: Scale Effects［J］. Review of Economic Studies, 1985（52）：403-425.